Christoph Zehendner

In der Stille ankommen – aufbrechen aus der Stille

Christoph Zehendner

In der Stille ankommen – aufbrechen aus der Stille

Den richtigen Rhythmus für mein Leben finden

BRUNNEN
Verlag GmbH · Giessen

Christoph Zehendner, Jahrgang 1961, lebt und arbeitet mit seiner Frau (Kunsttherapeutin) im Kloster Triefenstein bei Würzburg, das von der evangelischen Christusträger-Bruderschaft betrieben wird. Der gelernte Journalist und studierte Theologe schreibt Liedtexte, macht CDs und Bücher und ist zu Konzerten, Predigten und Moderationen unterwegs.
www.christoph-zehendner.de

MIX
Papier | Fördert gute Waldnutzung
FSC® C014496
www.fsc.org

Lektorat: Stefan Loß
Umschlagfoto: Mauritius images / Andreas Föll
Umschlaggestaltung: Jonathan Maul
Satz: Brunnen Verlag GmbH
Druck: GGP Media GmbH, Pößneck
ISBN Buch 978-3-7655-3627-4
ISBN E-Book 978-3-7655-7695-9
www.brunnen-verlag.de

Inhalt

Beten

In der Stille angekommen, werd ich ruhig zum Gebet.
Große Worte sind nicht nötig,
denn Gott weiß ja, wie´s mir geht.

Danken und loben, bitten und flehn.
Zeit mit Gott verbringen.
Die Welt mit offnen Augen sehn.
Reden, hören, fragen, verstehn.
Zeit mit Gott verbringen.
Die Welt mit seinen Augen sehn.

In der Stille angekommen, leg ich meine Masken ab.
Und ich sage Gott ganz ehrlich,
was ich auf dem Herzen hab.

In der Stille angekommen, schrei ich meine Angst heraus.
Was mich quält und mir den Mut nimmt,
all das schütt ich vor Gott aus.

Danken und loben …

In der Stille angekommen, nehm ich dankbar, was Gott gibt.
Ich darf zu ihm „Vater" sagen,
weil er mich unendlich liebt.

Danken und loben …

Text: Christoph Zehendner; Musik: Manfred Staiger

Dieses Lied können Sie sich über den QR-Code anhören. Weitere QR-Codes zum Anhören der Lieder finden Sie ab Seite 148.

Luxus

Stille ist das Luxusgut der Zukunft. Wenn ich Menschen frage, wonach sie sich am meisten sehnen, höre ich immer öfter die Antworten: »Dinge in aller Ruhe tun können«, »Stille« und »Schweigen«. Ich glaube, dass Stille die vergessene oder vernachlässigte Kraft ist, die uns zu einem Leben zurückleiten kann, in dem wir sowohl Wurzeln als auch Flügel besitzen.
(Aus: Thomas Sjödin, Wenn Stille eine Sprache wäre,
© 2022 SCM R. Brockhaus)

Warum dieses Buch – und was es Ihnen bringen könnte

Achtung, liebe Leserin, lieber Leser,
seien Sie bitte ganz vorsichtig.
Was Sie hier lesen, könnte sich auf Ihr Leben auswirken.
Denn:
Sie selbst haben es in der Hand.
Sie sind Programmdirektorin bzw. Programmdirektor Ihres Lebens.
Sie entscheiden.
Auch darüber, ob Ihr Leben in einem gesunden Rhythmus verläuft.
In dem Ruhe, Stille, Aufatmen ihren Platz haben.
Oder eher nicht.

Ich kann Ihnen hier lediglich berichten, wie es mir ergangen ist. Was ich im Laufe meines Lebens erfahren und gelernt habe. Und warum die Stille und der richtige Umgang damit mir im Laufe meiner Jahre immer wichtiger geworden ist.

Es wäre doch möglich, dass manche meiner Erfahrungen auch für Sie gewinnbringend, ja vielleicht sogar kostbar werden könnten? Vielleicht heben Sie beim Lesen dieses Buches ja sogar einen Schatz, der Sie und Ihr Leben tief bereichert.

Dabei muss ich Ihnen gleich zu Beginn gestehen: Eigentlich ist es ganz schön verrückt, dass ausgerechnet ich hier über die Stille schreibe.

Gerade mir fällt es doch so schwer, zur Ruhe zu kommen.

Ich arbeite in der Regel zügig, schnell oder sehr schnell. Wohlmeinende Freunde bezeichnen mich schon mal lächelnd als „nimmermüden Hektiker". *„Mr. Christoph is always busy"*, hat mir vor Jahren ein Asylbewerber aus Afrika rückgemeldet, der mich ein paar Tage lang erlebt hatte.

Und dann ist da auch noch der stets gleichbleibende Ton, den ein nicht abzuschüttelnder Begleiter durchgängig in mein Ohr hinein abgibt. Wer – wie ich – einen Tinnitus hat, der kann natürlich nie wirklich in der Stille ankommen.

Kein Zweifel, ich bin kein leuchtendes Beispiel für einen gesunden und regelmäßigen Umgang mit Stille, Entspannung, Gebet. Aber vielleicht ist ja genau das der Grund, warum ich mich so sehr nach Stille sehne und warum ich immer wieder darüber schreibe. Zum Beispiel viele Liedtexte, die von dem Wunsch nach einer wohltuenden Auszeit vom Getriebe des Alltags sprechen. Und vom Wunsch nach einer lebendigen Begegnung mit Gott in der Stille. Worte, die ausdrücken sollen, was ich in seltenen Momenten der Stille erlebe. Was mir dann kostbar und stärkend ist. Wofür ich dankbar bin und wovon ich noch viel mehr erleben möchte.

Ich staune darüber, dass sich gerade etliche meiner Lieder zum Thema Stille und Gebet weit verbreitet haben. Dass sie ihren Weg in Liederbücher der unterschiedlichsten christlichen Kirchen und Konfessionen gefunden haben. Dass manche von ihnen regelmäßig in Gottesdiensten gesungen und von Gemeinden mitgebetet werden.

„In der Stille angekommen" beispielsweise ist schon fast so etwas wie ein „Klassiker", abgedruckt in zahlreichen Liederbüchern, gesungen in Kirchen und Gemeinden überall im deutschsprachigen Europa, vielfältig angeklickt und angesehen als Musikvideo.

Die wunderbare Melodie, die mein Freund Manfred Staiger zu meinem Liedtext komponiert hat, macht aus dem „Gedicht" ein kleines Kunstwerk, das viele Menschen anspricht und in dem sie sich offensichtlich auch selbst entdecken können. Wie schön! Am Ende des Buches finden Sie eine Liste aller zitierten Lieder und QR-Codes, über die Sie sich die Lieder direkt anhören können.

Aus dieser schönen Erfahrung heraus haben meine Frau Ingrid und ich vor gut zwei Jahrzehnten damit begonnen, Seminare zum Thema *„In der Stille angekommen"* anzubieten. Zunächst geschah das im Kloster Triefenstein bei Würzburg, wo wir leben und arbeiten. Später dann zusätzlich auch im christlichen Tagungszentrum Schönblick bei Schwäbisch Gmünd.

Für uns ist es schier nicht zu fassen, wie viele Menschen sich im Laufe der Jahre schon zu diesen Seminaren angemeldet haben. Für sie und mit ihnen haben wir auf der Grundlage des Liedtextes ein ganz besonders Programm entwickelt. Ein Wochenende lang machen wir uns in kleinen, nicht zu anstrengenden Schritten in Richtung Stille auf. Für viele Teilnehmer eine neue Erfahrung mit Auswirkungen auf ihren Alltag nach dem Seminar.

Später dann entwickelten wir ergänzend ein Wochenendprogramm mit dem Titel „So viel Leben gönn ich mir". Eine Art Fortsetzung mit vielen praktischen Hilfestellungen. (Das gleichnamige Buch wurde gerne und oft gelesen, ist aber seit einigen Jahren vergriffen.)

Immer wieder werden wir am Ende der Seminare gefragt: Kann ich diese Anregungen schriftlich mit nach Hause nehmen?

So entstand das Buch, das Sie jetzt in der Hand halten. Gedanken, Erfahrungen, Anregungen aus der Praxis.

Als Leserin oder Leser können Sie es von Anfang bis Schluss in einem Zug durchlesen.

Oder Sie können es systematisch „durcharbeiten“ und Schritt für Schritt ausprobieren.

Oder Sie blättern ein wenig im Buch herum und lassen nur das auf sich wirken, was Sie spontan anspricht.

Mit Ihnen gemeinsam möchte ich eine „Bergwanderung“ wagen. Aus dem Alltag heraus hin zur Stille. Und anschließend wieder zurück in den Alltag. Vielleicht ein bisschen so, wie Jesus und eine Handvoll seiner Jünger es erlebt haben (Lukas 9,28-36, HfA).

Jesus nahm Petrus, Johannes und Jakobus mit sich und stieg auf einen Berg, um zu beten.

Während Jesus betete, veränderte sich sein Gesicht, und seine Kleider strahlten hell.

Plötzlich standen zwei Männer da und redeten mit ihm: Mose und Elia.

Auch sie waren von einem herrlichen Glanz umgeben und sprachen mit Jesus über seinen Tod, den er nach Gottes Plan in Jerusalem erleiden sollte.

Petrus und die beiden anderen Jünger hatte der Schlaf übermannt. Als sie aufwachten, sahen sie Jesus in seiner himmlischen Herrlichkeit und die zwei Männer bei ihm.

Schließlich wollten die zwei Männer gehen. Da rief Petrus: »Herr, wie gut, dass wir hier sind! Wir wollen drei Hütten bauen, für dich eine, für Mose eine und für Elia eine!« Petrus wusste aber gar nicht, was er da sagte.

Während er redete, kam eine Wolke und warf ihren Schatten auf die drei Jünger. Als die Wolke sie ganz einhüllte, fürchteten sie sich;

dann hörten sie eine Stimme, die aus ihr sprach: »Dies ist mein Sohn, ihn habe ich erwählt. Auf ihn sollt ihr hören!«

Dann war Jesus wieder allein. Die Jünger behielten all das für sich und erzählten damals niemandem, was sie erlebt hatten.

Jesus macht sich mit Petrus, Johannes und Jakobus auf den Weg. Gemeinsam steigen sie auf einen Berg.

Oben kommt es zu einer sehr intensiven, persönlichen Begegnung mit Gott. Eine im wahrsten Sinne des Wortes „glanzvolle" Zeit. Petrus will diese Erfahrung festhalten und einfach an Ort und Stelle bleiben. Doch es geht wieder zurück ins „Tal", in den Alltag, zu den Aufgaben, die noch vor ihnen liegen. Erst einmal reden sie mit niemandem über das besondere Erlebnis. Aber sie kommen anders in den Alltag zurück, als sie gestartet sind.

Nicht jeder stille Moment hat eine solch tiefe Wirkung auf die Menschen, die ihn erleben. Und doch birgt eine Zeit der Stille im entsprechenden Rahmen viele Möglichkeiten in sich. Manche Menschen empfinden Zeiten der Stille als Oasen und Kraftquellen. Andere überprüfen in der Stille eigene Gewohnheiten. Wieder andere entscheiden über Umkehr und Neuorientierung. Im Idealfall bieten Zeiten der Stille sogar die Chance zu einer lebendigen Begegnung mit Gott.

Auf dem Weg in die Stille hinein und aus der Stille heraus ist vieles möglich. In diesem Buch beschreibe ich vieles, was ich selbst erlebt habe. Und ich ergänze meine Erfahrungen mit dem, was andere Menschen mir berichtet haben.

Versprechen aber kann ich Ihnen gar nichts. Garantieren erst recht nicht. Ich kann nur berichten von mir und von vielen Menschen, die sich auch auf den Weg in die Stille hinein und dann aus der Stille heraus in den Alltag gemacht haben. Ich hoffe, dass Sie dabei von manchen Aspekten angesprochen, angesteckt, ermutigt werden.

Und dann Ihre ganz eigene, ganz persönliche „Bergwanderung" starten.

Jedenfalls wünsche ich Ihnen, dass beim Lesen, Durcharbeiten oder Blättern in diesem Buch Ihre Sehnsucht nach Stille wächst. Und dass Sie Mittel und Wege finden, Ihre ganz persönlichen „stillen Zeiten“ in Ihren Tag einzubauen. Und sich Ihren Alltag, Ihr Leben in Beruf und Familie, in Arbeit und Freizeit davon immer mehr prägen zu lassen.

Von Herzen wünsche ich Ihnen viel Erfolg und Gottes Segen dazu!

Christoph Zehendner
Triefenstein im Frühling 2023

Teil I
In der Stille ankommen

Lass deinen Mund stille sein –
dann spricht dein Herz.
Lass dein Herz stille sein –
dann spricht Gott.
(Spruchweisheit aus der koptischen Kirche)

Jesus sagte: Geht ihr allein
an eine einsame Stätte und ruht ein wenig.
(Markus 6,31a)

1. In der Stille ankommen

Haben Sie Strophe 1 meines Liedtextes noch in Erinnerung?

In der Stille angekommen.
Für dieses Thema bin ich eigentlich (wie oben schon erwähnt) eine Fehlbesetzung. Zumal ich schon seit Jahren gar nicht mehr so ganz genau weiß, was Stille eigentlich ist. Und eher hastig als still durchs Leben eile.

Werde ich ruhig zum Gebet.

Ich und ruhig? Ich bin ein Mundwerker. Gelegentlich ein Lautsprecher. Und ein Vielredner. Bei meinen verschiedenen beruflichen Aufgaben auf der Bühne, im Studio, bei Veranstaltungen oder Freizeiten muss ich fast immer reden. Oder singen. Oder singen und reden. Und ausgerechnet ich soll „ruhig" werden?

Große Worte sind nicht nötig.

Na fein, ausgerechnet das, was ich am besten kann, zählt nicht mehr. Aber vielleicht ist es ja genau das, was ich jetzt gerade brauche: mal aufzuhören mit dem, was mich sonst ausmacht. Mein vertrautes Handwerkszeug aus der Hand zu legen. Zu begreifen, dass ich jetzt niemanden beeindrucken muss. Dass es jetzt nicht mehr auf meine Fähigkeiten ankommt. Dass ich hier einfach sein kann.

Gott weiß ja, wie's mir geht.

Mir persönlich tut es gut, mich immer mal wieder an diese Zusagen zu erinnern: Gott weiß, wie es mir geht. Er sieht mich. Er hört mich. Er versteht mich. Schwer zu verstehen, oder? Fast ein bisschen unglaublich, ja verrückt. Und doch ist die Bibel voll von Beispielen davon, wie gut Gott Menschen kennt. Darauf kann ich mich verlassen.

Egal, ob ich ein Stille-Typ bin oder nicht.

Egal, ob ich beim Beten gutklingende Worte finde oder nur herumstammle.

Egal, ob ich Stille-Phasen genießen kann oder ob ich sie kaum aushalte.

Gott weiß, wie es mir geht.
Er weiß, was ich brauche.
Er weiß, was mich beschäftigt.

Und das ist ausgesprochen wohltuend für mich. Und beruhigend.

Ebenfalls beruhigend (also zu meiner „inneren Ruhe“ beitragend) ist ein gutes Vorbild. *Gottes* gutes Vorbild.

Kaum zu glauben: Auch er gönnt sich Ruhe. Auch Gott sucht die Stille. Erstaunlicherweise. Sechs Tage lang schafft er etwas großartig Neues. Und dann: Pause. Ruhe. Stille.

Im 2. Buch Mose, Kapitel 31,17c habe ich den für mich gerade sensationellen Satz entdeckt:

Gott ruhte am siebten Tag und schöpfte Atem.
Nach der Schöpfung sucht Gott die Stille auf, um seine Batterien wieder aufzuladen.

Echt jetzt? Gott braucht eine Pause? Er gönnt sich Ruhe? Genau so steht es hier.

„Gott ruhte und schöpfte Atem.“ Diesen Satz aus der Bibel lasse ich mir gerne auf der Zunge zergehen und wiederhole ihn wieder und wieder.

Mir geht durch den Kopf: Wenn der allmächtige Gott sich eine Auszeit nimmt, wenn er in der Stille nach getanem Werk Atem holt, dann sollte ich Menschlein mich von ihm „anstecken“ lassen. Gerade dann, wenn es um mich herum besonders laut, wild, anstrengend, hektisch und unruhig zugeht. Gerade dann, wenn ich Aufgaben *vor* mir habe, die mich ausgesprochen fordern. Und auch gerade *nach* solchen Aufgaben. Ich brauche das mit Sicherheit auch: Atemholen. Ruhe. Stille. Besinnung.

Meine Erfahrung ist: Dieser Weg in die Stille ergibt sich bei mir in den seltensten Fällen automatisch, „durch Zufall". Im Normalfall ist dazu eine klare Willensentscheidung nötig. Eine Entscheidung von mir. Ich muss „Stille" wollen. Und mich dafür entscheiden. Und dann auch handeln, sonst passiert nichts.

Die Stille drängt sich nicht auf (Ausnahmen wie Krankheiten, Lockdowns, Ausgangssperren bestätigen die Regel, auch das habe ich am eigenen Leib erlebt).

Apropos eigene Entscheidung: Wenn ich zu dieser Frage ins Neue Testament schaue, dann kann ich entdecken: Auch Jesus sucht die Stille ganz bewusst. In vielen unterschiedlichen Situationen:

- Vor Beginn seines öffentlichen Wirkens zieht er sich 40 Tage lang in die Stille und Abgeschiedenheit der Wüste zurück (Matthäus 4,1-11).

- Nachdem er in Kapernaum viele Menschen heilte, steht er am nächsten Morgen „noch vor dem Tage" auf, heißt es bei Markus (1,35). Er geht hinaus an eine einsame Stätte und betet dort.

- Die Nachricht über die grausame Hinrichtung seines Freundes Johannes beschäftigt ihn so sehr, dass er sich in die Stille zurückziehen muss und keinen Menschen um sich haben mag (Matthäus 14,13).

- Nachdem er 5000 Menschen satt gemacht hat, steigt Jesus auf einen Berg, um zu beten – berichtet Matthäus (14,23). Und am Abend ist er dort *„auf dem Berg allein"*.

- Bei einem Besuch bei Maria und Martha lobt er Maria, weil sie sich Zeit nimmt, ihm zuzuhören. Anschließend – berichtet Lukas (11,1) – zieht Jesus sich zurück und betet.

- Auch bevor sein Leidensweg beginnt, sucht Jesus die Stille. Im Garten Gethsemane wirft er sich auf die Knie und betet, beobachtet Matthäus (26,36).

Das sind nur einige der Szenen, in denen wir miterleben können, dass Jesus aktiv die Stille sucht. Gerade *nachdem* er große Aufgaben zu erledigen hat oder *bevor* solche Aufgaben vor ihm liegen. Ganz bewusst sind bei ihm Aktion und „Kontemplation" (also Besinnung, Versenkung, Stille, Gebet) eng miteinander verknüpft.

Ich glaube: Was für ihn gilt, kann auch uns guttun:
Wer aktiv sein will, braucht Stille.
Und: Stille ist eine Willensentscheidung.
Diese Entscheidung trifft jede und jeder für sich selbst.

Lernen von dir

Vor der Tür rumort der Alltag, doch hier drin ist's mir egal.
ich tauch ein ins Meer der Ruhe und versink darin total.
Spür, dass du mich schon erwartest,
stell mich langsam auf dich ein.
Möchte mich auf dich besinnen und ganz offen für dich sein.

Ich will lernen von dir,
auf dich hör'n, auf dich seh'n.
In Gemeinschaft mit dir,
worauf's ankommt, versteh'n.

In dem Wirbel der Gedanken überhör' ich dich so leicht.
Wenn du leise mit mir redest, wenn dein Wort mein Ohr erreicht.
Mach mich offen für dein Reden, gib,
dass mich jetzt nichts mehr stört.
Lehre mich, auf dich zu hören, hören, wie ein Jünger hört.

Ich will lernen von dir …

Herr, ich sitz zu deinen Füßen und ich ruh mich bei dir aus,
fühl' mich wohl in deiner Nähe,
fühl' mich ganz bei dir zu Haus.
Spüre deine große Liebe, die mir Wärme schenken will.
Lass mich ganz von ihr durchdringen, halt in deiner Sonne still.

Ich will lernen von dir …

Text und Musik: Christoph Zehendner; © 2008 Hänssler/Auf den Punkt, Siegen; Aufnahmen: Er hört dein Gebet/ Lieder für den Gottesdienst (Felsenfest)

Wie genau könnte ich mit diesem Lernen beginnen? Wie könnte ich mich hineintasten in den oft noch so wenig vertrauten Raum der Stille? Und was könnte dort dann im Idealfall geschehen?

Oder andersherum gefragt: Wie könnte ich die Zeit des „Nichts-Tuns", des „Nichts-Sagens", des „Nichts-Hörens" zu einer wertvollen Zeit für mich werden lassen?

Der Benediktiner-Mönch Anselm Grün hat einmal im Wochenmagazin „Die Zeit"[1] geschrieben:

„Ich setze mich still hin, ich lasse alle Gedanken und Gefühle hochkommen, die in mir aufsteigen wollen. Ich schaue sie an, frage nach ihrem Sinn. Aber dann lasse ich sie los und gehe durch sie hindurch in den inneren Raum der Stille, der auf dem Grund meiner Seele schon da ist. Ich muss diesen Raum der Stille nicht schaffen. Er ist schon in mir. Oft bin ich nur abgeschnitten davon, weil sich viele Sorgen darübergelegt haben."

Mutter Teresa von Kalkutta schildert in einem Interview sehr persönlich:

„Ich beginne mein Gebet immer schweigend, denn in der Stille des Herzens spricht Gott. Gott ist der Freund der Stille. Wir müssen Gott lauschen, denn wichtig ist nicht, was <u>wir</u> sagen, sondern was er zu uns und durch uns sagt."

Dazu passt eine Empfehlung, die ich vor einigen Jahren bei einem Besuch im Kloster Triefenstein (wo ich seit 2011 lebe und arbeite) bekam. Ein Bruder der Christusträger schlug mir als Programm für meine „stillen Tage" vor:

---

1 DIE ZEIT 29.12.2022, S.54

„Setz dich einfach mal eine Stunde in die Kellerkapelle. Komm zur Ruhe. Und sage innerlich: Gott, hier bin ich! Gott, ich will mich jetzt auf dich einstellen! Gott, ich möchte in der Stille auf dich hören!"

Diese Empfehlung habe ich oft umgesetzt. Und dabei gute Erfahrungen gemacht.

Stille und Besinnung auf Gott suchten übrigens auch schon wenige Jahrhunderte nach Leben, Tod und Auferstehung Jesu die ersten Mönche. Im vierten Jahrhundert nach Christus zogen sich diese sogenannten „Wüstenväter" bewusst zurück in einsame Gegenden in Israel, Ägypten oder Syrien.

Dazu noch einmal Anselm Grün:

„Sie sind in die Wüste gegangen und haben sich in der Stille der eigenen Wahrheit gestellt. Sie haben sich ihre inneren Gedanken angeschaut, sie nach ihrem Sinn gefragt und sie auf diese Weise verwandelt. Nur wenn ich mich der eigenen Wahrheit stelle, kann ich die Stille aushalten. Ich kann mich aber meiner eigenen Wahrheit nur stellen, wenn ich mich selber nicht bewerte und wenn ich mich so, wie ich bin, ganz und gar von Gott angenommen weiß."

Bei meinen Reisen nach Israel habe ich einige Male stille Stunden in der judäischen Wüste erlebt. Für mich war das jeweils eine ganz besondere Erfahrung:

Von der arabisch geprägten Stadt Beit Jala nahe bei Jerusalem aus (wo meine Freunde Marlene und Johnny Shahwan das gastfreundliche „Beit al Liqa" betreiben) quer durch das quirlige Bethlehem. Dann am Rand von Bethlehem aus dem Auto steigen und zu Fuß losmarschieren. Auf einer Art Feldweg schon nach wenigen Hundert Metern die Stadt und den Verkehrslärm hinter mir lassen. Und spätestens nach einer halben Stunde rundherum nur noch Wüste sehen. Steinigen Boden. Hügel und Täler. Wenig Vegetation. Keine Menschen, keine Häuser, keine Autos.

Wenn ich mich heute daran erinnere, dann spüre ich, wie mein Atem ruhiger wird. Das liegt wohl daran, dass ich diese besondere Ruhezeit an einem besonderen Ort genossen habe und mich gerne daran zurückerinnere. Ganz unspektakulär, ohne besondere „Highlights". Aber eben eine besondere Stille in einer Umgebung, die mich nicht ablenkt, in der ich mich konzentrieren kann. Ausgerechnet in einer Gegend, in der zu anderen Zeiten auch Jesus und nach ihm die Wüstenväter die Stille gesucht haben.

Doch „Stillwerden" geht nicht nur in der Wüste oder im Kloster.

Bei Seminaren, Gottesdiensten oder Konzerten und auch in diesem Buch lade ich dazu ein, im Alltag kleine Oasen der Stille zu entdecken und ganz bewusst zu füllen.

Darum soll es in unserer gemeinsamen „Bergwanderung" ja zunächst gehen: Lassen Sie uns – jede und jeder für sich – die Suche wagen nach einem Ort der Stille (oder auch nach mehreren Orten). Das muss keine Wüste sein, keine Kapelle, keine Kathedrale. Das kann ein Winkel in der Wohnung sein, eine Parkbank, eine bestimmte Zeit des Tages.

Für manche Menschen können dabei einfache Gebetstexte wie dieser hier eine Hilfe sein. Sie können sie lesen, darüber nachdenken, sie bewusst mitbeten. Oder die hier geschilderten Gedanken mit ihren eigenen Worten ausdrücken.

Gebet (nach Psalm 27, frei übertragen)

Der HERR ist mein Licht und mein Heil;
vor wem sollte ich mich fürchten?
Der HERR ist meines Lebens Kraft;
vor wem sollte mir grauen?

Wenn sich ein Heer von Aufgaben vor mir auftürmt,
so fürchtet sich dennoch mein Herz nicht.

Wenn der Stress an mich will, um mich zu verschlingen,
suche ich bei ihm Ruhe.

Wenn mich Überforderung überwältigen will,
so verlasse ich mich auf ihn.

Eines erbitte ich vom HERRN,
das hätte ich gerne:
dass ich mein Leben lang
im Hause des HERRN bleiben könnte.

Hier will ich Pause machen und aufatmen.

Hier möchte ich wohltuende Gottesdienste erleben
und dabei Kraft schöpfen.

Ich vertraue darauf, dass ich die Güte des HERRN erleben werde:
die Stille, die Ruhe, die Geborgenheit im Lande der Lebendigen.

Und all die vielen Vorzeichen darauf.

„Die großen Lehrer der Meditation und des geistlichen Lebens weisen uns immer wieder auf die erste Morgenstunde hin und sagen: Nimm den Anfang des Tages wahr, er ist die Stelle, an der du die Ewigkeit berührst. In der Tat wäre uns in vielen Nöten und Krankheiten des Lebens und der Seele geholfen, wenn es uns gelänge, die eine Morgenstunde von Eile, von Lärm und Ärger freizuhalten. Der Lauf des Tages hängt im Allgemeinen nicht von unseren persönlichen Vorstellungen ab. Er wird uns aufgezwungen. Aber der Anfang sollte uns gehören."
(Jörg Zink: Wie wir beten können, S. 256 © 2018 Verlag Herder GmbH, Freiburg i. Br.)

2. In der Stille ablegen

Hilfe! Ich habe so wahnsinnig viel zu tun! Meine Aufgaben im Kloster Triefenstein, als Liedermacher, bei Konzerten, bei Gottesdiensten, als Buchautor, in den sogenannten sozialen Medien und, und, und. Wie soll ich all das nur schaffen? Diese Frage stelle ich mir an manchen Tagen und in einigen Phasen des Jahres. Nicht nur theoretisch, sondern ganz konkret.

Bei Ihnen ist es vermutlich genauso. Oder ähnlich. Oder noch viel schlimmer. Eigentlich dürften wir uns doch kein Minütchen der Stille gönnen. Wir haben schließlich alle so furchtbar viel zu tun, oder? Wir kommen mit unseren Aufgaben und Projekten nicht nach. Die 24 Stunden pro Tag reichen dafür einfach nicht aus ..., oder?

Klar, ich übertreibe. Aber die Aufgaben, die viele Menschen heute zu stemmen haben, sind tatsächlich vielfältig. Und es werden immer mehr. In vielen Betrieben und Behörden müssen immer weniger Menschen ein immer größer werdendes Arbeitspensum schaffen. Ganz klar, dass da jede und jeder Beteiligte in Hektik gerät. Ganz zu schweigen von all unseren Aufgaben in der Familie. In der Nachbarschaft. Im Verein. In der Gemeinde.

Auch ich renne gelegentlich kopflos und sinnlos durchs Leben wie ein Hamster in seinem Rad. Ich rackere und rackere und kümmere mich nicht um den eigentlich dringend nötigen nächsten freien Tag. Mit zusammengebissenen Zähnen ziehe ich eisern durch. Es gibt ja so wahnsinnig viel zu tun. Ich werde überall gebraucht – jedenfalls bilde ich mir das ein. Gelegentlich bin ich dann sogar ein bisschen stolz auf mich und meine „großartige“ Leistung. Was für ein Unsinn!

Wenn ich mir in solchen Phasen doch endlich einmal Zeit

nehme für ein paar Stunden Ruhe, Zeit zur Stille, Zeit eigentlich zur Begegnung mit Gott – dann melden sich statt eines wohlig-angenehmen Gefühls oft Zweifel in mir. Misstrauen. Unzufriedenheit. Ärger. Müdigkeit. Ich grüble und bin unzufrieden mit mir. Meine Gedanken hängen vor allem fest an all dem, was ich *nicht* geschafft habe. An dem, was mir misslungen ist.

Die altbekannten Themen, Probleme, Konflikte, Fehler und Versäumnisse tauchen ungefragt in meinen Gedanken wieder auf.

In der Hektik konnte ich sie noch verdrängen.

In der Stille melden sie sich zurück.

Mein Weg zur Stille wird oft blockiert durch innere Hindernisse, die ich nicht einfach umgehen kann.

Was aber hilft mir dagegen?

Nur eins: Ablegen. Abgeben. Aussprechen. Probleme anschauen und erst einmal einfach stehen lassen. Fehler und Versäumnisse einsehen. Nach Möglichkeit aufarbeiten. Um Vergebung bitten. Vergeben. Innerlich vielleicht sogar einen Haken an die Angelegenheit machen. Mit Gottes Hilfe. Vertrauend auf ihn und seine Barmherzigkeit.

Vielleicht ist es ein guter Anfang einmal so schlicht zu beten, wie es unsere Schwestern und Brüder seit Jahrzehnten, Jahrhunderten, Jahrtausenden tun, überall in der Welt: *Herr, erbarme dich. Kyrie eleison.*

Erbarme dich (Kyrie)

Wir suchen deine Nähe. Wir sehnen uns nach dir
und spüren doch: Wir sind nicht offen dafür.
Wir sind noch so beschäftigt mit unsrer kleinen Welt.
Wir wollen bei dir lernen, was wirklich zählt.

Kyrie, Kyrie eleison.
Herr, erbarme dich.
Christe, Christe eleison.
Christus, erbarme dich.

Wir bringen unsre Lasten, den Hass, der uns verzehrt.
Soviel in unserm Leben läuft noch verkehrt.
Was wir erreichen wollten, wir haben's nicht geschafft.
Wir bitten dich: Herr, schenke uns dazu Kraft!

Kyrie, Kyrie eleison ...

Wir haben viel zu wenig nach deiner Sicht gefragt.
Wir haben kaum beachtet, was dein Wort sagt.
Wir bitten um Vergebung für Habgier, Lüge, Streit.
Dass wir so oft versagten, tut uns so leid.

Kyrie, Kyrie eleison ...

Text: Christoph Zehendner; Musik: Manfred Staiger
Den QR-Code zum Anhören des Liedes finden Sie auf S. 148

„Erbarme dich, Herr. Erbarme dich, Christus."

Nach dieser Bitte darf ich mich darauf verlassen, dass ich frei bin zur Begegnung mit Gott. Von seiner Seite aus steht nichts mehr zwischen ihm und mir. Was auch immer da war: Vergeben und vergessen. Ein für alle Mal gelöscht. Ein sehr wichtiger Schritt voran.

Und doch weiß ich aus eigener Erfahrung: Genau jetzt kommen weitere herausfordernde Schritte auf mich zu. Jetzt bin ich gefordert, weitere Hindernisse zu überwinden oder aus dem Weg zu räumen. Die Hindernisse nämlich, die mit *mir* und meiner Einstellung zu tun haben. Hindernisse, die mich von meinem Weg zur Stille abhalten wollen. Diese von mir selbstgemachten Hindernisse möchte ich ins Auge fassen und sie mir bewusst machen, damit ich dann mit ihnen umgehen kann.

In unseren Seminaren fragen wir uns an dieser Stelle gemeinsam, warum den meisten von uns denn der Weg in die Stille so schwerfällt.

Wir legen dazu große Plakate auf den Boden, auf denen jeweils nur eine Frage zum Thema Stille steht.

Mit einem Stift in der Hand laufen wir schweigend durch den Raum. Wir lassen diese oder jene Frage auf uns wirken. Dann fangen wir damit an, unsere persönlichen Antworten auf das Plakat zu schreiben.

Wer mag, reagiert mit seinem Stichwort auf ein Wort, das schon von anderen Teilnehmern aufs Plakat geschrieben wurde. Möglich ist auch ein Fragezeichen hinter dem Stichwort eines anderen. Oder ein Ausrufezeichen.

Vielleicht nehmen Sie sich für diese Fragen jetzt auch mal Zeit, ganz für sich alleine. Vielleicht zehn Minuten, eine halbe Stunde oder länger? Schreiben Sie ruhig in dieses Buch hinein. Oder auf ein Blatt, das nur Sie zu Gesicht bekommen werden.

Denken Sie bitte nicht daran, wie andere Menschen Ihre Antworten beurteilen könnten. Es geht hier ausschließlich um Sie. Schreiben Sie spontan, offen und ehrlich sich selbst gegenüber einfach das auf, was Ihnen zu dieser Frage einfällt:

Was hält mich von der Stille ab?

Was macht mir an der Stille Angst?

Wonach sehne ich mich in der Stille?

Was hilft mir zur Stille?

Haben die Fragen viele Antworten ausgelöst bei Ihnen? Sind Sie vielleicht sogar überrascht worden von manchem Ihrer eigenen Gedanken?

Bleiben Sie ruhig dran und fragen Sie weiter (wenn Sie möchten):

Was geht Ihnen durch den Kopf, wenn Sie sich mit dem Weg in Richtung Stille beschäftigen?

Fällt Ihr Blick vor allem auf die vielen Termine und „Sachzwänge", die Sie von der Stille abhalten?

Oder sind Sie selbst ein „Stille-Hindernis" mit Ihrem Wunsch, ständig so viel Gutes und Wichtiges und Wertvolles zu tun und deshalb kaum Zeit für die Stille zu haben?

Sehnen Sie sich danach, mal in der Stille anzukommen, das Gedankenkarussell mal anzuhalten und mal einfach nichts zu tun?

Was könnte Ihnen beim Stillwerden helfen – ruhige Musik? Eine Ikone als „Blickfang"? Ein vorformulierter Gebetstext?

Kommen Sie bei einem Waldspaziergang am besten zur Ruhe oder beim Besuch einer Kirche?

Wie erleben Sie Momente der Stille, womit könnten Sie diese Erfahrung vergleichen?

Ich mache Ihnen Mut, sich mit diesen Fragen zu beschäftigen und Ihre für Sie ganz persönlich gültigen Antworten zu finden und ernst zu nehmen.

Ruhe bei dir

Ich bringe meine Schwächen, die Furcht, die vielen Fragen,
mein Schwanken, mein Zerbrechen. Ich bringe mein Versagen.
Ich bringe meine Stärken, mein Planen, mein Vollbringen.
Die Freude an den Werken die wunderbar gelingen.

Und suche Ruhe bei dir. Ruhe bei dir. Ich ruhe bei dir.

Ich bringe meine Lasten, die Fehler, die mich drücken.
Mein ruheloses Hasten. Die Pläne, die missglücken.
Mein Hoffen und mein Sehnen, mein Schlafen, mein Erwachen.
Ich bringe meine Tränen. Ich bringe dir mein Lachen.

Und suche Ruhe bei dir. Ruhe bei dir.
Ich finde Ruhe bei dir, mein Gott, Ruhe bei dir.

Text: Christoph Zehendner; Musik: Peter Vanielik-Schneider
Den QR-Code zum Anhören des Liedes finden Sie auf S. 148

Still

Vor lauter Lauschen und Raunen sei still,
du mein tieftiefes Leben;
dass du weißt, was der Wind dir will,
eh noch die Birken beben.

Und wenn dir einmal das Schweigen sprach,
lass deine Sinne besiegen,
Jedem Hauche gib dich, gib nach,
er wird dich lieben und wiegen.

Und dann meine Seele sei weit, sei weit,
dass dir das Leben gelinge,
breite dich wie ein Federkleid
über die sinnenden Dinge.
(Rainer Maria Rilke)

„Hüte dich und bleibe still.
Fürchte dich nicht, dein Herz sei unverzagt.“
(Jesaja 7,4b)

3. In der Stille ausdrücken

Bei vielen Gesprächen mit sehr unterschiedlichen Persönlichkeiten habe ich entdeckt: Das Erleben von Stille ist etwas sehr Persönliches, Einzigartiges, Individuelles. Jede und jeder erlebt Stille anders. Unterschiedliche Menschen empfinden Stille sehr unterschiedlich. Und das ist ja auch gut so.

Mancher hält die Stille um sich herum kaum aus:

- Der Single-Mann z.B., der den ganzen Tag über im Homeoffice arbeitet und sich abends erschöpft in den Fernsehsessel lümmelt. Zwar kann er sich mit bunten Bildern, spannenden Geschichten und tollen Sounds die Zeit vertreiben, aber wenn er sich selbst gegenüber ehrlich ist, dann empfindet er: Es ist so furchtbar still um mich herum. Unangenehm still.

- Oder die Witwe im vorgerückten Alter, die sich so sehr nach einem lieben Menschen sehnt, einer gemeinsamen Tasse Tee, einem netten Plausch übers Wetter oder nach einem tieferen Gespräch. Doch statt einer freundlichen, warmen Stimme ist da nur die „unpersönliche" Stille. Tag für Tag. Nacht für Nacht.

- Andere Menschen wiederum verzehren sich regelrecht nach stillen Momenten. Sie verkraften es nur mit Mühe, dass es so unruhig, so „un-still" ist um sie herum. So laut, so lärmend, so geschäftig. Im Beruf. In der Familie. In der Freizeit. Auf den Straßen und Wegen. Im Gasthaus oder im Sportverein.

- Die junge Mutter mit den drei kleinen Kindern z.B., deren Alltag komplett durchgetaktet ist von Aufgaben wie Wickeln, Frühstück machen, Waschen, Anziehen, in die Kita bringen usw.; bis zum Gute-Nacht-Kuss. Und die sich erst dann den Wäschebergen zuwenden kann, wenn die Kleinen endlich eingeschlafen sind.

- Oder der Student im vorletzten Semester, der vor lauter Prüfungen, Praktika und Nebenjobs manchmal gar nicht mehr weiß, welcher Wochentag heute ist und wann er seine Wäsche in den Waschsalon bringen kann.

- Ganz zu schweigen von dem vielbeschäftigten Manager, Unternehmer, Geschäftsführer, von dessen Entscheidungen Erfolg und Überleben eines Unternehmens und natürlich auch Arbeitsplätze abhängen und der wie ein Getriebener durch seinen Alltag hastet.

Solche Zeitgenossen sehnen sich dringend nach Ruhe, nach Stille, vielleicht nach einer Auszeit oder gar einem Sabbatical (ein neudeutsches Wort für „ich-mach-mal-eine-längere-Zeit-Pause", übrigens sprachlich abgeleitet von dem „Shabbat", dem Ruhetag, den Gott sich selbst gönnt und auch seinen Geschöpfen empfiehlt). Manche von ihnen besuchen deswegen ein Seminar über die Stille. Oder sie ziehen sich sehr bewusst von Zeit zu Zeit in ein Kloster zurück.

Und Sie? In welche Gruppe von Menschen würden Sie sich einordnen?

Könnte es sein, dass Sie heute eher zu dieser Gruppe gehören und in ein paar Tagen eher zu jener?

Wie wäre es, wenn Sie das mal für sich selbst durchdenken würden:

Was genau bedeutet Stille eigentlich für mich?

Was mag ich an der Stille?

Mit welchem Bild könnte ich beschreiben, was ich an der Stille schätze?

Und umgekehrt: Was empfinde ich als das Gegenteil von Stille – Lärm? Geräusch? Hektik? Leere? Gespräch?

Ich schlage Ihnen vor:

Gehen Sie doch mal im Kopf „spazieren“ zwischen zwei Polen – auf der einen Seite „Stille“ und auf der anderen „Gegenteil von Stille“.

Gehen Sie im Geiste mal hin, dann wieder her. Verharren Sie

in der Mitte zwischen beiden Polen. Drehen Sie sich herum. Lassen Sie die jeweilige Situation auf sich wirken.

Beobachten Sie das, was dabei möglicherweise an Gedanken, Gefühlen, Stichworten oder Bildern bei Ihnen aufleuchtet. Wo halten Sie sich lieber auf – ganz im Raum der Stille? Oder genau auf der anderen Seite? Oder irgendwo in der Mitte zwischen diesen beiden Polen? Oder abwechselnd mal hier und dann wieder dort?

Seien Sie bitte mutig und halten hier fest, was Ihnen bei diesem Spaziergang in der Phantasie durch Kopf und Herz geht:

Meine Gedanken zwischen „Stille" und „Gegenteil von Stille"

....

....

....

....

....

....

....

Wenn Sie jetzt vor sich ein paar Stichworte sehen, die Sie notiert haben – wären die nicht ein guter Anhaltspunkt dafür, Ihre Gedanken weiter schweifen zu lassen?

Über Erfahrungen, Wünsche, Sehnsüchte, Befürchtungen zum Thema Stille nachzudenken? Und nachzuspüren? Und dann Stichworte dazu festzuhalten?

Vielen Menschen tut es gut, solche Gedankensplitter zu notieren. Und sich dann weiter damit zu beschäftigen. Auszudrücken, was in ihnen vorgeht. In einer Weise, die zu ihnen passt:

Vielleicht in einem kleinen Gedicht.

- einem Gebet.
- einem Bild.
- einer Zeichnung.
- einem Brief an sich selbst.
- einer Handarbeit.
- einer Schnitzarbeit.
- einer Melodie.

Vielleicht wagen Sie sich dabei an eine kreative Form heran, mit der Sie bisher keinerlei Erfahrung haben. Das Ergebnis muss ja niemand zu sehen oder zu hören bekommen. Aber Ihnen selbst könnte es guttun, Ihre Gedanken zum Thema Stille in eine Form zu bringen. Meine Freundin Inge Lehrbach-Bähr (Diakonin und Seelsorgerin) fasst ihre ganz persönlichen Gedanken zur Stille manchmal in Gedichten zusammen. So hält sie fest, wie sie in bestimmten Lebensphasen und zu bestimmten Zeiten empfunden hat. 2010 schrieb sie diesen Text:

STILLE

Nein, ich stehe morgens nicht früher auf, um Bibel zu lesen.
Nein, ich habe keine festen Gebetszeiten.
Nein, ich fahre nicht regelmäßig zu Stillen Tagen.
Nein, ich war noch nicht längere Zeit im Kloster.
Nein, ich halte keinen ausführlichen Jahresrückblick.

Aber ich liebe die STILLE.

Morgens vor dem Weckerklingeln schon wach sein und auf die Stille hören.
Als Erste abends noch durch den frisch gefallenen Schnee laufen und die Stille einatmen.
Am Bett eines schlafenden Kindes stehen und staunen.
Beim Taizé-Gebet 5 Minuten Stille aufsaugen.
Im Garten sitzen und mein Gesicht der Sonne hinhalten.
Mit mir alleine sein – beim Spazierengehen oder in der Badewanne.
Ein Mittagsschläfchen auf dem Sofa zum Durchhalten.
Das „Für Dich" beim Abendmahl mir immer wieder persönlich zusprechen lassen.
„Herr, hilf!" und „Danke, Gott!" mitten am Tag laut und leise zum Himmel rufen.
In der Nacht mit dicken Brocken auf dem Herzen aufwachen, die Last aushalten und Gott hinhalten.
Den Rummel meiden und den Sonntag zum Rückzug brauchen.
Auf Besuch verzichten und auf neue Kraft für andere warten.
Beim Gespräch mit einer Freundin mich zutiefst verstanden fühlen.
Ein Lied hören und darin Gottes Botschaft für mich.
Mich tagtäglich beschenkt fühlen mit Familie, Freunden und einem Zuhause.

Vor dem Ofen sitzen und mich wärmen lassen und nichts tun.
Ich liebe die STILLE und will sie suchen und achten.

(Inge Lehrbach-Bähr)

Dreizehn Jahre später bat ich Inge, einen Text zu diesem Buch beizusteuern. Auf der Grundlage ihrer Gedanken von damals entstand ihr aktuelles Gedicht:

Ich liebe die Stille

Ich liebe die Stille und will sie suchen und achten …
Sie hat mich gesucht. Gelockt. Gezogen. Nicht in Ruhe gelassen.
Sie hat mich gefunden. Anders. Unverhofft. Willkommen geheißen.
Sie hat mich eingeladen. Zum Da-Sein. Zum Wahr-Sein. Zum Wahrnehmen. Zum Gewahrsein.
Ich muss nichts machen. Ich muss nichts bringen. Ich muss nichts leisten.
Ich darf sitzen. Ich darf sein. Ich darf atmen. Ich darf mich liebevoll anschauen lassen.
Ich ahne, dass da mehr ist als ich. Mehr als meine Ideale. Mehr als meine Ansprüche. Mehr als meine Versäumnisse.
Ein Mehr an Güte. Ein Mehr an Weite. Ein Mehr an Weniger. Ein Mehr an Sehnsucht.
Gott. Leben. Fülle. Frieden. Heil.
Ich halte still und warte.
Ich schweige und höre.
Ich mache mich empfänglich.
Ich ruhe ein wenig in Gottes guter Gegenwart.
Dahin geht meine Suche.

Dahin richte ich mein Herz.
Das ist mein Gebet.
Wenn wir uns treffen, ist es Geschenk. In diesem Moment fehlt nichts. Ist alles gut.
Bin ich mit der ganzen Schöpfung umfangen vom Geheimnis Gottes.
Stille verwandelt. Sie lässt mich leiser leben. Langsamer. Feinfühliger. Klarer. Freier.
Sie lässt mich Verbundenheit suchen. Zu diesem Moment. Zu dem, was oder wer gerade jetzt da ist.
Sie ist der Raum, der gefüllt werden kann mit dem, was größer ist als ich.
Sie ist die Gelegenheit zur Begegnung. Zur Wahrheit. Zur Liebe.

Ich liebe die Stille und will sie suchen und achten – üben und leben.
(Inge Lehrbach-Bähr)

Mich beeindruckt dieser Text. Ich freue mich auch über die innere Entwicklung eines Menschen, die ich hier ein wenig miterleben bzw. „nachempfinden" kann. Manchen Gedanken kann ich sogar innerlich mitsprechen. Anderes betrachte ich staunend und voller Ehrfurcht aus einer gewissen Distanz.

Könnte es Ihnen guttun, auch einmal einen solchen Text mit Ihren Gedanken zur Stille zu verfassen?

Bitte probieren Sie es aus.

Sie trauen sich (noch) nicht? Vielleicht hilft Ihnen diese Übung:

Mein „Stillepsalm"

Versuchen Sie doch mal, Ihren eigenen „Stillepsalm" zu schreiben. Gelingen könnte das etwa so:

1. Ich betrachte die Verse 2-10 des 62. Psalms. Ich lese sie erst leise, dann laut, dann vielleicht in verschiedenen anderen Übersetzungen (z.B. bei bibleserver.com);

2. Ich versuche, jede Aussage dieses Psalms mit meinen eigenen Worten wiederzugeben. So, wie ich diese Sätze einem Freund erklären würde, der kirchlich geprägte Sprache nicht kennt. Es geht dabei nicht um theologische Richtigkeit oder präzise Übersetzung. Ich versuche einfach, mit meinen Worten wiederzugeben, wie ich die Aussagen des Psalms verstehe.

3. In einem dritten Schritt lese ich mir das durch, was ich aufgeschrieben habe (meine freie „Übertragung" des Psalms also). Dann schreibe ich für eine zweite Version nur die Sätze und Gedanken heraus, die mir dabei besonders ins Auge fallen, die mir wertvoll sind oder die mir zu schaffen machen. In dieser Phase muss ich nicht mehr alle Aussagen des Psalms wiedergeben, sondern nur das festhalten, was durch die Worte des uralten Psalms heute bei mir ausgelöst wird.

Aus den Gedankenschnipseln und Sätzen, die dabei übrig bleiben, forme ich dann – unabhängig von Psalm 62 – meinen ganz persönlichen „Stillepsalm".

So kann ein schlichter Text entstehen, vielleicht ein Gedicht, ein Gebet nur für mich.

Klingt kompliziert? Ist es nicht. Wagen Sie es einmal, vielleicht entdecken Sie dabei ja eine Form des Gebets, die Ihnen entspricht.

Viel Freude dabei.

4. In der Stille aufatmen

Du sagst Ja

Du sagst Ja, aus Liebe sagst du vorbehaltlos Ja.
Ja zu mir, du kennst mich, dennoch sagst du Ja.

Sagst Ja, und weißt doch von meinen Schwächen.
Ja, trotz allem gilt dein Versprechen,
dein Ja steht felsenfest an jedem Tag.
Ich lebe von dem Ja, das nicht an Leistung denkt,
vom Ja, das mir Vertrauen schenkt.
Ich staune: Ich habe es nicht verdient – dein Ja.

Ich sage Ja, ich danke dir und antworte mit Ja.
Ja zu dir, ich wage es, denn du sagst Ja.

Sagst Ja, und weißt doch von meinen Schwächen …

Text/Musik: Danny Plett (OT: Let me be), dt. Text: Christoph Zehendner
Den QR-Code zum Anhören des Liedes finden Sie auf S. 148

Und dann bin ich – hoffentlich – endlich angekommen in der Stille. In einer Kirche. In meinem Wohnzimmer. Im Wald. Oder ganz woanders. Ein paar Minuten lang. Eine Viertelstunde. Einen ganzen Tag. Oder sogar noch länger.

Ich habe es tatsächlich geschafft, mich eine Zeit lang von all den alltäglichen Geräuschquellen zu verabschieden, den Lärm des Alltags hinter mir zu lassen, ruhig zu werden, langsam, eben still.

Was für ein wunderbarer Zustand.

„Meine Seele ist still und ruhig geworden wie ein kleines Kind bei seiner Mutter", jubelt der Beter in Psalm 131,2.

Die tiefe Bedeutung dieses Satzes können vermutlich nur frischgebackene Eltern voll und ganz nachvollziehen:

Eben noch brüllte der kleine Erdenbürger aus Leibeskräften seinen gesamten Weltschmerz hinaus, ließ sich durch nichts beruhigen, wurde laut und immer lauter, lief rot an und schrie, schrie, schrie.

Wenige Atemzüge und Muttermilch-Schlückchen später aber saugt er mit zufriedenem Glucksen. Und noch ein paar Minuten später sinkt das Köpfchen tief beglückt und total erledigt an die Brust der Mutter. Manches Baby gibt dann noch ein paar Wonnelaute von sich, bevor es eindöst und hoffentlich von herrlichen Träumen in den Schlaf begleitet wird.

Still werden. Wie ein gestilltes Kind auf dem Arm der Mutter (beim Stillen haben wir Männer ja leider nicht so viel zu bieten. Aber wir können dem Säugling ein Fläschchen geben, können festhalten, im Arm wiegen und beschützen. Und mitfreuen können wir uns allemal).

Still und ruhig werden wie ein Kind bei der Mutter. Den Augenblick genießen. Zur Ruhe kommen. Nichts mehr wollen. Nichts mehr brauchen. Nichts mehr müssen. Einfach zufrieden sein.

Was für ein herrlicher Zustand, der hier im Psalm beschrieben wird.

Ich gestehe: Soooo herrlich sind meine „stillen Minuten" eher selten. Doch als wohltuend, stärkend, aufbauend erlebe ich diese Zeiten oft.

In der Stille ankommen. Aufatmen. Kraft schöpfen. Diesen Zustand genießen. Das kann ich besonders gut, wenn ich mir bewusst mache: Ich bin Gottes geliebtes Kind. Er will mir guttun. Er will mich beschenken mit dem, was ich gerade brauche. Oft gerade dann, wenn ich mir Zeit für Stille nehme.

In der Bibel wird Gott oft mit einem guten Vater verglichen. Doch auch seine mütterliche Seite wird immer mal wieder erwähnt. Mir scheint, die kann ich gerade in der Stille erleben.

Vielleicht entdecke ich dann auch die Wahrheit dieser wertvollen Zusage Gottes aus der Bibel: *„Ich will euch trösten, wie einen seine Mutter tröstet"* (Jesaja 66,13).

Wie ich das erleben und genießen kann – die väterliche und die mütterliche Seite Gottes in der Stille? Dafür gibt es ganz sicher keine Patentrezepte und keine Gebrauchsanweisung.

Manche Menschen nutzen bestimmte Rituale und schaffen einen Rahmen, in dem es ihnen leichter fällt, sich für Gott zu öffnen. Mancher schließt dazu einfach die Augen.

Mancher richtet sich eine „Gebetsecke" mit einer Ikone oder einem passenden Bibelvers ein.

Andere brauchen eine Kerze oder Lobpreismusik.

Wieder andere genießen stille Momente am tiefsten in der Natur.

Wenn Sie sich jetzt an eine bestimmte Form oder einen Rahmen für Ihre Stille Zeit erinnern, dann nehmen Sie das bitte ernst.

Vielleicht entdecken Sie aber auch ganz neue Formen oder Rituale, die Ihnen helfen, die Stille zu genießen.

Zwei meiner praxiserprobten „Hilfsmittel“ verrate ich Ihnen sehr gerne:

1. Das „Herzensgebet" oder Gebet mit dem Atem

Bei dieser Gebetsform wird ein kurzes Gebetswort mit dem Atem verbunden. So beteten schon die sogenannten „Wüstenväter“ – christliche Einsiedler, die sich wenige Jahrhunderte nach Christus in die Einsamkeit zurückzogen, um dort in der Stille die Nähe zu Gott ganz besonders zu erleben.

Aber ich muss nicht in die Wüste ziehen, um so zu beten (wobei ein Ausflug in die Wüste für mich zu den spannendsten Erfahrungen in Israel gehört, wie ich ja schon geschildert habe). Nein, auch an meinem Schreibtisch, in meiner Sitzecke oder auf einer Bank im Park kann ich Stille erleben.

Ich achte dazu zunächst auf den Rhythmus meines Atems. Ich beobachte bewusst, wie ich einatme und dann wieder ausatme. Nach einer Weile verbinde ich diese Bewegung jeweils mit einigen kurzen Worten.

Beim Einatmen sage ich laut, halblaut oder leise für mich z. B. die Worte: *„Herr Jesus Christus –“*.

Beim Ausatmen fahre ich fort: *„– erbarme dich meiner.“*

Diese Worte wiederhole ich. Zehnmal, zwanzigmal, hundertmal.

Wie einen Kehrvers, wie einen „Ohrwurm“, der sich ganz tief in mir festsetzen soll.

Die Worte kann ich auch abwandeln:

Auf die Anrede *„Herr Jesus Christus –“* folgt dann z.B. die Bitte *„– erbarme dich über NN“* (und hier setze ich dann den Namen eines Menschen ein, an den ich gerade im Gebet denke).

Auch mit diesen Gebetsworten kann ich es einüben, mich auf Gott zu konzentrieren:
„Du in mir – und ich in dir"
„Herr Jesus Christus – stehe mir bei"
Oder auch nur
„Jesus – Christus"

Während eines Krankenhausaufenthalts kamen mir einmal beim Beten diese Worte in den Sinn: „Herr Jesus Christus – dir vertraue ich."

Manche Menschen brauchen etwas Zeit, um das für sie passende Gebetswort zu finden und es mit ihrem Atem zu verknüpfen. Doch es lohnt sich, dafür ein bisschen Geduld und Zeit zu investieren und zu „üben".

So kann sich eine gute Angewohnheit entwickeln und mich durch den Tag begleiten („Betet ohne Unterlass", 1. Thessalonicher 5,17). Luft holen muss ich ja ohnehin. Und wenn ich beim Ein- und Ausatmen manchmal sehr bewusst an Jesus denke (deswegen heißt diese Gebetsform übrigens auch „Jesusgebet"), dann ist für mich viel gewonnen.

2. Das „Kauen" einzelner Verse aus der Bibel

Wer die Bibel lesen und immer tiefer verstehen will, hat dazu viele Möglichkeiten. Manchmal lohnt es sich, am Stück etliche Kapitel hintereinander zu lesen, vielleicht sogar ein ganzes Buch. So wird der Zusammenhang deutlich. Ich bekomme einen Überblick.

Nach meiner Erfahrung ist in der Stille oft gerade das konzentrierte Betrachten einiger weniger Worte fruchtbar. Ich kann dazu einige wenige Verse lesen oder sogar nur einen kurzen

Satz. Einen solchen Satz innerlich zu „bewegen", durchzugehen, durchzudenken und regelrecht „durchzukauen", dazu stiftet mich unter anderen Martin Luther an:

„Wenn du am Abend schlafen gehst, so nimm noch etwas aus der Heiligen Schrift mit dir zu Bett, um es im Herzen zu erwägen und es – gleich wie ein Tier – wiederzukäuen und damit sanft einzuschlafen.

Es soll aber nicht viel sein, eher ganz wenig, aber gut durchdacht und verstanden. Und wenn du am Morgen aufstehst, sollst du es als Ertrag des gestrigen Tages vorfinden."

Henri Nouwen beschreibt eine ganz ähnliche Erfahrung:

„Nicht nur das Jesusgebet, sondern auch viele andere Schriftworte vermögen unser Inneres umzuformen. Wenn ich die Worte, die mich im Gottesdienst ansprechen, mit in den Tag hineinnehme und sie langsam beim Lesen oder Arbeiten wiederhole, indem ich sozusagen ständig wiederkäue, schaffen sie neues Leben in mir.

Manchmal, wenn ich nachts aufwache, sage ich sie noch vor mich hin, und sie werden wie Flügel, die mich über Stimmungen und Stürme der Tage und Wochen hinwegtragen."

(Henri J. M. Nouwen, Ich hörte auf die Stille, S. 175/176, © 2018 Verlag Herder GmbH, Freiburg i. Br.)

Bei unseren Seminaren üben wir das „Kauen" eines Bibelverses ganz praktisch ein. Ich lese dann einen kurzen Satz aus der Bibel, in dem es um „Stille" geht. Hier ein paar Beispiele:

„Meine Seele ist stille zu Gott, der mir hilft."
(Psalm 62,2)

„Sei stille dem Herrn und warte auf ihn."
(Psalm 37,7)

„Als sie das hörten, schwiegen sie still und lobten Gott."
(Apostelgeschichte 11,18)

Wir hören diesen Satz gemeinsam.

Dann lassen wir erst einmal eine Pause.

Halten gemeinsam die Stille aus.

Denken jede und jeder für sich über diese paar Worte nach.
Ein paar Augenblicke,
vielleicht ein paar Minuten lang.
Wer mag, nimmt sich dieses „Wort zum Kauen" mit in die Nacht oder mit in den nächsten Abschnitt des Tages.

„Gleichwie die Sonne in einem stillen Wasser gut zu sehen ist und es kräftig erwärmt, kann sie in einem bewegten, rauschenden Wasser nicht deutlich gesehen werden. Darum, willst du auch erleuchtet und warm werden durch das Evangelium, so gehe hin, wo du still sein und das Bild dir tief ins Herz fassen kannst, da wirst du finden Wunder über Wunder."
(Martin Luther)

„Rede Herr, dein Knecht hört"
(1. Samuel 3,9)

5. In der Stille entdecken

Für Stille habe ich eigentlich keine Zeit. Mein Terminkalender ist zu voll. Ich kann mich unmöglich für eine Woche mit „Exerzitien" freimachen (so werden geistliche Übungen zur Stille in manchen Klöstern genannt). Ich habe doch ohnehin schon jeden Tag soooo viel zu tun. Und dann kommt garantiert immer noch was dazwischen.

So klar spricht das kaum jemand aus, den ich kenne. Und doch leben viele Zeitgenossen so, als wäre bei ihnen keinerlei Raum für stille Augenblicke möglich.

Bei unseren Seminaren machen wir Teilnehmerinnen und Teilnehmern deshalb Mut, mal den eigenen Tagesablauf durchzugehen und zu überlegen: Welche Phasen – kürzer oder länger – könnte ich bewusster als bisher für ein paar stille Momente nutzen, für ein paar stille Minuten, vielleicht sogar für eine stille halbe Stunde?

Erstaunlich ist es für uns zu erleben, auf welche Ideen da viele Menschen kommen. An einige Beispiele kann ich mich gut erinnern. Sie waren so unterschiedlich wie die Menschen, die sich mit dem Thema beschäftigten:

Als bewusste Zeit der Stille nutzen manche:

- Die ersten Minuten nach dem Klingeln des Weckers;
- Die Wartezeit an der Bushaltestelle;
- Die Viertelstunde im Auto auf dem Weg zur Arbeit;
- Die Zeit beim Bügeln, beim Spaziergang, beim „Gassi gehen" mit dem Hund;
- Die kurze Phase zwischen Mittagessen und Mittagsschlaf;
- Die Minuten, in denen Kolleginnen oder Kollegen sich eine „Raucherpause" gönnen;
- Die Teepause am Nachmittag;
- Die Zeitspanne, in der das Handy bewusst auf „Flugmodus" gestellt ist;
- Die halbe Stunde in der Badewanne,
- Den Spaziergang im Dunkeln auf frischgefallenem Schnee;
- Die letzten Minuten, bevor ich das Licht der Nachttischlampe ausknipse.

Diese Liste lässt sich natürlich unendlich lange mit weiteren guten Beispielen fortführen, jeweils zugeschnitten auf den Alltag der betreffenden Person.

Besonders bewegt und beeindruckt haben mich beim Zusammentragen die Überlegungen einiger junger Eltern, die ganz besonders um ein paar freie Momente zwischen all den Anforderungen von Kindern, Familie und Beruf kämpfen müssen. Wie schön, wenn einige von ihnen dann die Zeit als bewusste „Stille" nutzen wollten, in der sie den Kinderwagen durch den Park schieben. Oder wenn sie ganz bewusst die ersten Minuten nach dem Einschlafen der Kinder für sich als wertvolle Zeit der Stille nutzen.

Eine junge Mutter berichtete: *„Ich nehme mir nach diesem Seminar vor: Wenn ich zur Toilette muss, dann schließe ich die Tür ab jetzt von innen ab. Meine Kinder werden sich daran gewöhnen. Und ich gönne mir in den fünf ungestörten Minuten einen kurzen, aufbauenden Gedanken aus einem Andachtsbuch."*

Nach all diesen Beobachtungen wage ich es heute hier zu behaupten:

Wer sich ernsthaft auf die Suche nach etwas Stille im Alltag macht, kann fündig werden. Und dann auch so manchen Schatz entdecken, den die Stille bereithält.

Aber dazu ist es vielleicht erst einmal nötig, den Mund zu halten. Und das Hören zu üben.

Was rede ich so viel den lieben langen Tag. Rund 15.700 Worte pro Tag spricht der deutsche Mann im Durchschnitt, will eine Studie (im Jahr 2007) herausgefunden haben. Bei einer Frau sollen es ein wenig mehr, nämlich etwa 16.200 Worte pro Tag sein. Wobei ich Frauen wie Männer kenne, die – zumindest gefühlt – erheblich viel weniger oder deutlich mehr mitzuteilen haben als der statistische Durchschnitt.

Aber streiten wir uns nicht um Zahlen.

Halten wir fest: Reden fällt den meisten von uns erheblich leichter als Zuhören. Und wenn mich nicht alles täuscht, dann gilt das ganz besonders für unsere Kommunikation mit Gott.

Wir haben Gott ja sooooo viel zu sagen. Wir bitten und betteln. Wir jammern und klagen. Und vielleicht nehmen wir uns auch Zeit zum Danken und Loben. Aber Zuhören ist nicht unsere größte Stärke. Und genau das könnten wir in der Stille lernen.

Hören. Auf Gott hören. Geduldig. Langsam. Ohne Druck. Aber mit großem Ernst.

Eine Zeit der Stille kann mir helfen, „hellhörig“ zu werden. Wahrzunehmen, was in mir selbst los ist. Und im Idealfall auch das behutsame, kaum wahrnehmbare, unaufdringliche Reden Gottes in mir zu erleben.

Ich kenne Menschen, die tatsächlich schon mal eine Stimme in ihrem Inneren gehört haben. In die Stille hinein sprach Gott mit ihnen.

Ich selbst habe in vielen Jahren als Christ Gottes Stimme noch nie laut und deutlich in meinem Inneren gehört. Aber ich erlebe doch immer wieder einmal, dass sich in der Stille Dinge in mir klären.

Dass Fragen an Gewicht verlieren oder gewinnen.

Dass Entscheidungen sich als naheliegend und folgerichtig herausstellen. Dass ich endlich vorankomme bei Problemen, die mich vorher schon lange beschäftigt hatten.

Dass mir nach langen Grübelphasen nächste Schritte klar werden und ich mich wie befreit an die Umsetzung machen kann.

Gott kann ich nicht „herbeizwingen“. Schon gar nicht mit irgendwelchen ausgeklügelten Übungen. Aber manchmal erlebe ich es als Geschenk: Er spricht in der Stille auf seine feine Weise mit mir.

Wenn ich nur bereit dazu werde, ihn auch zu hören.

Leise

Es tönt und brüllt und säuselt in meinem Ohr.
„Schau her, hör zu und kaufe!", schrein sie im Chor.
Es wummert, dröhnt und flötet bei Tag und Nacht.
Aus Lautsprechern und Boxen wird Krach gemacht.

Nur einer bleibt ganz ruhig auf seine feine Weise.
Gott spricht leise.

Die Sounds, die Beats, die Trailer bedrängen mich.
Sie buhln um mein Intresse; nicht zimperlich.
Klamauk, Alarm, Getöse rund um die Uhr.
Von stillen Augenblicken kaum eine Spur.

Mit offnen Sinnen hören voll auf Empfang.
Ganz Ohr sein und entdecken den feinen Klang.
Das will ich wieder lernen im Kerzenlicht.
Die Stimme Gottes hören, der leise spricht.

Text: Christoph Zehendner; Musik: Manfred Staiger
Den QR-Code zum Anhören des Liedes finden Sie auf S. 148

„Ich hörte auf die Stille", so nannte Henri Nouwen sein Tagebuch, das er 1978 nach einem Dreivierteljahr in einem Schweige-Kloster veröffentlichte. Ein echter Klassiker, der seit Jahren immer neu aufgelegt wird. Ein Buch, das ich Ihnen gerne empfehle.

Schon der Titel seines Buches markiert ja einen starken, ungewöhnlichen Gedanken: Ich kann es lernen, auf die Stille zu hören. Und dann zumindest manchmal oder wenigstens ab und zu in der Stille auch Gott wahrnehmen. Was könnte es Wertvolleres geben für eine Menschen, der Orientierung sucht?

Über einen seiner letzten Tage im Schweigekloster schreibt Nouwen:

„Stille, Ruhe, innere Ausgeglichenheit, friedvolle Freude, Güte: das sind die Empfindungen, die mein augenblickliches Leben beschreiben. Ich fühle mich mit Gott und der Welt versöhnt und von tiefem innerem Frieden erfüllt, und weder Lärm noch Worte scheinen einen solchen Frieden zu stören. Es ist eine Zeit voller Gnade, und Gott ist spürbar nahe."
(Henri Nouwen: Ich hörte auf die Stille, S. 183)

Wow, das würde ich auch gerne mal so erleben! Sie auch? Ich kann mir vorstellen, dass sehr viele Menschen sich nach einer solchen Erfahrung sehnen. Oder wenigstens nach einer kleinen Ahnung davon.

Steh still und achte auf die Wunder Gottes!
(Hiob 37,14)

Stille

Frei nach Psalm 124

Ein Lied für Menschen, die gescheitert sind
und sich aufmachen zu einem neuen Ziel.

Denk doch daran:
Wenn Gott nicht an unserer Seite gewesen wäre,
dann wären wir heute nicht hier.
Wenn er uns nicht treu beigestanden hätte,
dann säßen wir noch heute
im dunklen Loch der Schwermut,
dann hätte uns der Stress überrollt,
dann wären wir in die Knie gegangen
und nicht wieder aufgestanden.

Der Leistungsdruck,
die hohen Erwartungen an uns selbst,
die Menge an Aufgaben und Pflichten,
das Mobbing und die Konkurrenzgedanken –
all das zusammen
hätte uns kaputt gemacht.

Lasst uns Gott danken.
Er hat dafür gesorgt,
dass wir überlebt haben
und uns auf die Zukunft freuen.

Er hat uns befreit dazu,
neu und besser mit unseren Kräften umzugehen.
Wir rotieren nicht mehr wie ein Hamster im Rad.
Wir sind frei.
Er hat uns frei gemacht,
er selbst, der Herr über Himmel und Erde.
Ihm sind wir wichtig.
Er hat uns beigestanden
und wird uns immer beistehen.

(Dieses Loblied nach Psalm 62 ist für mich besonders wertvoll)

Gott, ich kann nur staunen, wenn ich an dich denke,
mich ganz tief in dich versenke.
Herr, mir fehln die Worte. Ich will einfach schweigen,
still dir meine Ehrfurcht zeigen.
Ich sitz da, dir ganz nah.
Bin gut aufgehoben, will dich dafür loben.

Du bist mein Begleiter an den müden Tagen,
bei den ungelösten Fragen.
Hilfst, wenn ich dich brauche, darauf kann ich bauen,
felsenfest auf dich vertrauen.
Schwanke ich, stellst du mich
wieder auf die Beine. Nie bin ich alleine.

Du bist meine Hoffnung, lässt mich fröhlich lachen,
Pläne für die Zukunft machen.
Selbst die schweren Zeiten werde ich ertragen.
Ich weiß: Ich brauch nicht verzagen.
Weil ich dann beten kann,
dich um Hilfe bitten,
dir mein Herz ausschütten.

Text: Christoph Zehendner; Musik: Joachim Neander 1650–1680
Den QR-Code zum Anhören des Liedes finden Sie auf S. 148

Und am siebten Tag Stille

Shabbat Shalom. Sind Sie schon mal so angesprochen worden? Shabbat Shalom, so begrüßen sich unsere jüdischen Geschwister untereinander. Und so begrüßen sie auch uns, wenn wir zu einer ganz bestimmten Zeit aufeinandertreffen. Ab Freitagvormittag nämlich und bis zum frühen Samstagabend. Der Shabbat, der heilige Ruhetag, beginnt ja am Freitagabend, wenn die ersten drei Sterne am Himmel zu sehen sind. Und er dauert bis Samstag um die gleiche Zeit.

Wenn ich am Freitagnachmittag um 15.05 Uhr meinen Lieblingssender Bayern 2 anhöre, dann schallt mir auch aus dem Radio „Shabbat Shalom“ entgegen. Eine Viertelstunde lang gibt's dann Informationen und Reportagen aus der jüdischen Welt und speziell aus dem jüdischen Leben hier bei uns in Deutschland. Wichtiger Bestandteil der Sendung: Ganz genau wird der Zeitpunkt durchgegeben, wann exakt in verschiedenen Städten der Shabbat beginnt. Die sogenannten „Lichtzündzeiten“, beispielsweise am 20. Januar 2023: Hof 16.26 Uhr, Würzburg 16.37 Uhr, Frankfurt/Main 16.40 Uhr. Je weiter westlich, desto später.

Man mag lächeln über diese penibel genaue Art und Weise, den richtigen Termin für den Beginn eines Ruhetages einzuhalten. Doch hier wird schon deutlich: In vielen jüdischen Familien – nicht nur in religiösen – hat dieser Ruhetag eine sehr hohe Bedeutung. Die Shabbat-Kerzen werden vor Beginn des Sabbats (eben vor dem dritten Stern) von der Dame des Hauses angezündet. Dazu wird ein besonderer Segen gesprochen. Das Haus und speziell der Esstisch sind festlich geschmückt, die ganze Familie hat sich schick gemacht.

Erst trifft man sich zum Gebet in der Synagoge, dann geht es nach Hause, wo sich die ganze Familie mit Freunden und Besuchern um den Tisch versammelt. Die Kinder werden vom Vater gesegnet. Dann wird ein Segen über dem Wein gesprochen (und der Wein wird herumgereicht). Schließlich wird auch noch ein besonderes Shabbat-Brot gesegnet und ebenfalls verteilt.

In manchen orthodoxen Familien singt man ein Lied („Lecha dodi“) in dem man die „Königin Shabbat“ begrüßt. Zitat aus dem Text:

„Dem Shabbat lasst uns entgegengehen, denn sie ist uns Quell, aus dem uns strömt der Segen, Schon festgesetzt von Anbeginn, Des Werkes Schluss, das erste auch in Will und Sinn.“

„Der Quell, aus dem Segen zu uns strömt.“ Wow!

Shabbat Shalom. Der Shabbat soll ja der inneren Ruhe und der Einkehr dienen. Ich könnte auch formulieren: Am Shabbat nehme ich mir endlich Zeit dafür, meinen durchgetakteten Rhythmus und mein schnelles Tempo mal zu verlassen, anzuhalten und still zu werden – um dann besser und gesünder wieder in den Alltag zu starten.

Bei frommen Juden darf an diesem Tag nicht gearbeitet werden. Sie betätigen keinen Lichtschalter. Auch Kochen, Autofahren und Telefonieren sind verboten. Und so fährt bis heute in vielen frommen Gegenden Israels am Shabbat kein Auto. Manches Stadtviertel wirkt so, als hätten seine Einwohnerinnen und Einwohner gemeinsam einen „stillen Tag“ verabredet.

Ich atme tief durch, wenn ich mich dagegen an unsere Sitten und Gebräuche erinnere: Ich denke an Bäckereien, die auch am Sonntag auf sein müssen und das komplette Repertoire an Leckereien bieten sollen. An verkaufsoffene Sonntage, überfüllte Innenstädte, schwer beladene Einkäuferinnen und Einkäufer. An

Berufsgruppen, die mit der größten Selbstverständlichkeit auch am Sonntag ranmüssen – und ich rede jetzt nicht nur von Ärztinnen, Krankenpflegern oder Tankwarten. Sondern z.B. auch von Journalisten und Theologen. Denn ein Musterbeispiel in Sachen „Feiertagsheiligung" bin ich mit meinem Kalender (wo viele Einsätze eben am Wochenende sind) absolut nicht.

Dabei stammt unsere christliche Tradition des Sonntags doch genau von der jüdischen Shabbat-Feier ab. Der wöchentliche Ruhetag wurde von Christinnen und Christen vom Samstag (Shabbat) auf den „ersten Tag der Woche" gelegt, also den Sonntag, an dem (so berichtet es uns der Evangelist Markus, 16,2) Jesus auferstanden ist.

Shabbat Shalom. Was genau bedeutet das eigentlich? Manche gebrauchen diesen Gruß etwa so beiläufig, wie wir ein „schönes Wochenende" wünschen. Die eigentliche Bedeutung aber ist ganz wunderbar, finde ich:

Shabbat könnte man übersetzen mit Ruhetag, Ruhepause. Das Hauptwort kommt vom hebräischen Verb שָׁבַת „aufhören, ausruhen".

Und was ist das Ziel dieses „Aufhörens?"

Shalom, Frieden, ist eins der kostbarsten Worte überhaupt im Hebräischen. Ein Wort mit einer weiten Bedeutung. Shalom bedeutet Wohlsein im weitesten Sinne des Wortes, Glück, Gesundheit, Zufriedenheit, Heil und Gerechtigkeit.

Rabbiner Tom Kucera macht auf eine weitere Bedeutung aufmerksam: *„In seiner Urbedeutung meint das hebräische Wort ‚Shalom' Vervollständigung. Von diesem Substantiv gibt es auch das Verb lehaschlim – komplettieren, vervollständigen."*

Ein anderer jüdischer Gelehrter, Claude Montefiore, schwärmt vom Shalom: *„Der Friede, der allein versöhnt und stärkt, der uns* *beruhigt und unser Gesichtsbild aufhellt, der uns von Unrast und von der Knechtung durch unbefriedigte Gelüste frei macht, inmitten unserer eigenen Vergänglichkeit und der aller Äußerlichkeiten."*

Shabbat Shalom. Ist es nicht genau das, was wir vielbeschäftigten Menschen ganz dringend brauchen? Beruhigung im Sturm. Freiheit von unserer Unrast. Konzentration auf das, was wesentlich ist. Vervollständigung dessen, was in Scherben liegt oder zumindest Risse hat bei uns. Ruhe. Stille. Innehalten. Auftanken.

Der Shabbat ist ein Vorgeschmack auf das, was uns im Paradies erwartet, sagen unsere jüdischen Geschwister. Ein Vorgeschmack auf die gute neue Zeit, in der es keine Schmerzen mehr gibt und keine Angst und kein Leid und keine Geringschätzung und keine Demütigung und keinen Missbrauch und keine Ausgrenzung und keine Ungerechtigkeit.

Einen Feiertag halten bedeutet aber noch lange nicht, wie selbstverständlich in der Stille anzukommen und eine Begegnung mit Gott zu haben. Jesus hat seine Glaubensgeschwister deutlich darauf hingewiesen, dass der Mensch viel wichtiger ist als das peinlich genaue Einhalten von Shabbat-Regeln. Es geht nicht darum, dass wir Äußerlichkeiten erfüllen, schon gar nicht, um so einen guten Eindruck vorzutäuschen. Es geht um den Menschen. Es geht um dich. Um mich. Um uns.

Übrigens: Einen Tag nach dem Shabbat, am Sonntag, besucht der auferstandene Jesus seine Jüngerinnen und Jünger. Die verängstigte Schar, die um ihren Herrn und Meister trauern. Bei denen weder Rhythmus noch Tempo irgendwie in Harmonie sind. Und er begrüßt sie mit: „Friede sei mit dir". Das ist inhaltlich gar nicht so weit weg von Shabbat Shalom.

Shabbat Shalom.

An diesem Tag der Ruhe möge dir etwas geschenkt werden von dem, was dir in der Hektik fast verloren gegangen ist.
An diesem Tag mögest du etwas wiederentdecken, was zutiefst zu dir gehört.
An diesem Tag mögest du innehalten und dabei erleben, dass manches heil wird in dir.
An diesem Tag mögest du in der Stille ankommen und sie genießen.
An diesem Tag mögest du dich von Gott selbst angesehen und geliebt fühlen.
An diesem Tag mögest du einen guten Blick bekommen auf dich, deinen Rhythmus und dein Tempo.
An diesem Tag möge Gott dir Kraft schenken für das, was im Alltag auf dich zukommen wird.

Teil II
aufbrechen aus der Stille

1. Aus der Stille aufbrechen und mein Leben neu ordnen

Nach einem Referat zum Thema „Männer im Stresstest" spricht er mich an. Nimmt mich zur Seite, damit uns niemand belauschen kann. Berichtet mir von einer schwierigen Phase der unfreiwilligen Stille. Von Krankheit, Zusammenbruch, Burnout und zwangsweiser Auszeit.

Wie ein Wrack habe er sich gefühlt, als er in eine psychosomatisch ausgerichtete Reha-Klinik eingeliefert worden sei. Nach einigen Wochen habe er dort eine interessante Erfahrung gemacht, berichtet er mir. Eine Erfahrung, die sein komplettes Urteil über sich selbst verändert habe. Sinngemäß berichtet er mir eine Szene aus dem Krankenhaus:

„Schreiben Sie auf, was für Sie wertvoll ist. Was Gewicht hat. Welche Werte für Sie besonders wichtig sind." Der Arzt reichte mir einen Kugelschreiber und ein paar linierte DIN-A4-Blätter, während er mir diese Aufgabe stellte.

„Lassen Sie sich Zeit und notieren Sie alles, was Ihnen durch den Kopf geht." Dann verließ er mein Krankenzimmer.

Nach einem kurzen Moment des Erstaunens griff ich zu dem Stift, legte mir den Papierstapel zurecht und fing an, Stichwort auf Stichwort zu notieren. Welche Werte sind für mich die wichtigsten?

Na ja, Familie, Freunde, Zuverlässigkeit, Ehrlichkeit, usw., usf. Erst stockend, dann immer flüssiger setzte ich Stichwort auf Stichwort untereinander.

Am nächsten Tag brachte der Arzt zur Visite einen Stundenplan mit. Fast so wie die Pläne, die Schulkinder nutzen. Sein Plan aber bestand aus einer vollen Sieben-Tage-Woche. Und war jeweils eingeteilt von 6.00 Uhr morgens bis 23.00 Uhr abends.

„Nehmen Sie bitte die Liste mit Werten, die Sie gestern aufgeschrieben haben", riet er mir. „Und dann schreiben Sie hier in den Stundenplan ein, welchen Wert Sie an welchem Wochentag und zu welcher Uhrzeit leben."

Nachdem er sich verabschiedet hatte, legte ich beides nebeneinander – die Liste mit meinen Werten. Und meinen Stundenplan. Schon nach wenigen Augenblicken spürte ich: Dieser Aufgabe bin ich nicht gewachsen. Denn all das, was mir eigentlich wichtig ist, was mein Leben ausmachen und bestimmen sollte, all das bleibt im Bereich der Theorie. Der guten Vorsätze. Der wohlmeinenden Absichten. In der Praxis aber beschäftige ich mich ausschließlich mit völlig anderen Aufgaben und Werten …

Wer sich selbst und die Ordnung seines Lebens einmal so selbstkritisch betrachtet, kann ins Grübeln geraten.

Ich wünsche mir und all den Leserinnen und Lesern, die mir bis zu dieser Seite gefolgt sind, dass wir uns solche Gedanken nicht erst in einer Klinik machen, sozusagen „gezwungenermaßen". Sondern dass wir uns gerade aus der Erfahrung der Stille heraus aufmachen, unser Leben und Arbeiten mit offenen Augen zu betrachten. Wohlwollend, aber auch selbstkritisch. Damit wir entdecken, wo es vielleicht noch hakt und klemmt und knirscht bei uns. Wo unsere eigentlichen Werte und guten Absichten in unserem Alltag überhaupt keinen Platz mehr finden. Wer sich das bewusst macht, kann möglicherweise Konsequenzen ziehen. Eben darum soll es jetzt, im zweiten Teil dieses Buches gehen. Lassen Sie uns gemeinsam aus der Stille heraus aufbrechen.

Erinnern Sie sich an das Bild der Bergtour?

Schritt für Schritt haben wir uns gemeinsam auf den Weg gemacht. Haben Meter um Meter, Höhenmeter um Höhenmeter geschafft. Haben Hindernisse überwunden und uns nicht durch Störungen vom Ziel abbringen lassen.

Und dann waren wir oben, auf dem „Gipfel", dort, wo wir einen guten Rahmen gefunden haben für die Art von Stille, die uns guttut und uns aufbaut.

Hoffentlich sind wir freiwillig hier gelandet (wie z.B. Henri Nouwen bei seiner Zeit im Kloster) und nicht unfreiwillig wie der ehemalige Patient, dessen erschütternde Selbsterkenntnis ich gerade zitiert habe.

So oder so. In der Stille lohnt es sich, sich mit Gott zu beschäftigen. Mit seiner Sicht der Dinge. Mit seinen Vorstellungen und guten Ordnungen. Mit seinem Einfluss, seinem „Reich", wie die Bibel das nennt.

Aber eben auch mit mir.

Der Mensch da vor mir im Spiegel hat schließlich eine gewisse Aufmerksamkeit verdient.

Egal, ob er (oder sie) jung ist oder alt, hübsch oder interessant, schlecht rasiert oder gut geschminkt.

Egal, ob dieser Mensch da im Spiegel ein gestresster Manager ist oder eine vielbeschäftigte Familienfrau.

Eine engagierte Pfarrerin oder ein ziemlich genervter Handwerksmeister.

Ein Macher im Meeting-Marathon oder ein Wirbelwind, der

vor lauter Aufgaben einfach nicht zur Ruhe findet. Vielleicht auch ein total normaler Mann ohne besondere Ecken und Kanten. Oder eine nette Frau ohne besonders auffällige Eigenschaften.

Wenn ich mit diesem Menschen klarkomme, den ich da im Spiegel sehe, wenn ich ihn (oder sie) mag, wenn ich ihn oder sie richtig behandle, dann kann sich das vielfältig auswirken. Sehr positiv auswirken.

Wenn ich aus der Stille aufbreche und mir aus der Erfahrung der inneren Ruhe heraus die verschiedenen Bereiche ansehe, in denen diese Persönlichkeit lebt, dann kann ich auf dem Weg zurück in den Alltag manches zum Guten verändern. Und dieser kostbaren Persönlichkeit dabei helfen, das Leben auf gute, gesunde, wohltuende Weise zu gestalten. Möglicherweise besser als bisher. Im Idealfall kann ich mich ein wenig weiterentwickeln und noch etwas mehr von dem Menschen in mir Gestalt werden lassen, der ich im Grunde sein will.

Warum ich da so sicher bin? Nun, weil ich mich selbst als Versuchskaninchen für dieses Buch zur Verfügung gestellt habe. Und weil ich mich gründlich umgehört habe. Und weil ich beim Stöbern auf interessante Anregungen von ganz unterschiedlichen Persönlichkeiten gestoßen bin.

Anregungen, die *mich* anregen. Und Sie ja vielleicht auch.

Zum Beispiel die praxisorientierten Tipps eines Mannes mit dem schönen Namen Bernhard.

Bernhard wurde aktiv, als sein Freund Eugen im Stress war, so richtig im Stress. Wahnsinnig im Stress.

Und das kam so: Schier aus heiterem Himmel musste Eugen in einem komplett neuen Job durchstarten, musste Verantwortung übernehmen in einem weitverzweigten Weltkonzern. Er wurde aus einer unbedeutenden Filiale in die Zentrale versetzt und dort mitten hinein ins Haifischbecken geschubst.

Sein neuer Alltag glich dem der Bosse in jedem anderen Weltkonzern: Zuhören, Informationen aufnehmen, Entscheidungen treffen, Weichenstellungen anordnen, Herausforderungen angehen und Zukunft möglich machen.

Und das in schwierigen Zeiten, mit unzähligen kniffligen Baustellen und einem Heer von Feinden.

Eugen hatte schwer zu leiden unter dieser Last. Die Verantwortung drückte gewaltig auf seinen Schultern. Es dürfte ihm ziemlich schwergefallen sein, sich in der Stille auf seine unzähligen Aufgaben vorzubereiten.

Doch Eugen hatte einen Freund, einen sehr wertvollen Freund. Bernhard. Bernhard lebte und arbeitete in einem Kloster – in einem Rahmen der Stille also. Und von hier aus begleitete er seinen Freund Eugen und dessen hektisches Leben aus der Ferne mit guten Gedanken und Ratschlägen. Und so schrieb Bernhard eines Tages an den vielbeschäftigten und ziemlich überforderten Eugen:

Ich fürchte, dass du, eingekeilt in deine zahlreichen Beschäftigungen, keinen Ausweg mehr siehst und deshalb deine Stirn verhärtest. Dass du dich nach und nach des Gespürs für einen durchaus richtigen und heilsamen Schmerz entledigst. Es ist viel klüger, du entziehst dich von Zeit zu Zeit deinen Beschäftigungen, als dass sie dich ziehen und dich nach und nach an einen Punkt führen, an dem du nicht landen willst.

Du fragst, an welchen Punkt. An den Punkt, wo das Herz hart wird. Wenn also alle Menschen ein Recht auf dich haben, dann sei auch du selbst ein Mensch, der ein Recht auf sich selbst hat. Warum solltest einzig du selbst nichts von dir haben? Wie lange noch schenkst

du allen anderen deine Aufmerksamkeit, nur nicht dir selbst? Wer aber mit sich selbst schlecht umgeht, wem kann er gut sein?
Denke also daran: Gönne dich dir selbst. Ich sage nicht, tu das immer, ich sage nicht, tu das oft, aber ich sage, tu das immer wieder einmal: Sei wie für alle anderen auch für dich selbst da, oder jedenfalls sei es nach allen anderen.
„Gönne dich dir selbst." Starke Worte, finden Sie nicht auch? Hochaktuell.

Ach ja, bevor ich's vergesse, die Freunde Bernhard von Clairvaux und Eugen III. lebten vor etwa 900 Jahren, und sie waren beide Geistliche. Im Kloster hatten sie sich kennen- und schätzen gelernt. Und als Eugen dann recht überraschend zum Papst ernannt wurde, unterstützte Bernhard ihn mit gutem Rat und mit Klartext aus den Klostermauern heraus.

„Gönne dich dir selbst", schrieb er ihm. Ein Satz fürs Poesiealbum oder fürs Stammbuch. Ein Rat mit Tiefgang. Eine Botschaft mit gewaltiger Wirkung – wenn wir sie denn für uns annehmen und auch auf uns übertragen.

Obwohl wir keine Päpste sind.

Obwohl unsere Aufgaben überschaubar sind (verglichen mit denen, die der Kopf einer Weltkirche zu bewältigen hat) und obwohl wir bestimmt keine erbitterten Feinde haben, die uns nach dem Amt und nach dem Leben trachten.

Gönne dich dir selbst. Du bist doch sonst für alle möglichen anderen Menschen da. Du zerreißt dich fast, weil du deine Aufgaben in der Familie, im Beruf, in der Gemeinde, in der Nachbarschaft und wo sonst noch überall total ernst nimmst und niemanden enttäuschen möchtest.

Doch Vorsicht – warnt Bernhard. Denke nicht immer nur an all die anderen, denke auch mal an dich.

Ein weiser Rat aus Zeiten, die den Begriff „Burnout" noch

nicht kannten. Ein Stück Überlebenstipp auch schon damals, als man nicht rund um die Uhr per Handy erreichbar und „verfügbar“ war.

Ein Rat, bei dem Bernhard sich auch auf Jesus selbst hätte berufen können:

„Du sollst deinen Nächsten lieben wie dich selbst“, sagt Jesus (Markus 12,31b) und er knüpft damit an eine sehr alte Weisheit aus dem Alten Testament an. In der Kirchengeschichte hat dieser Satz eine Menge Taten der Nächstenliebe ausgelöst: Krankenhäuser wurden gebaut, Altersheime errichtet, Asyl für Obdachlose und Flüchtlinge geschaffen. „Liebe deinen Nächsten“, ja, das ist zweifelsfrei sehr gut und immer nötig.

Aber der zweite Teil der Aufforderung Jesu, *„… wie dich selbst!“*, geriet und gerät daneben oft in Vergessenheit. Dabei können beide Aussagen eigentlich nur zusammen richtig sein. Ich kann andere Menschen nur lieben, wenn ich mit mir selbst im Reinen bin. Die Liebe zum Nächsten und die Liebe zu mir selbst hängen eng zusammen.

Sagt Jesus.

Und im Sinne Bernhards ausgedrückt bedeutet das wohl: Wenn ich immer nur alles Mögliche für alle möglichen anderen Menschen tue, dann kann ich gegen die Wand fahren. Ich kann, ich darf, ich sollte, ich muss mich mir auch selbst gönnen. Und dann habe ich auch Kraft, für andere da zu sein.

Das ist wichtig.

Lebenswichtig.

Aber gar nicht so leicht.

Sie, verehrte Leserin, verehrter Leser, sind mutig. Sie haben sich mit mir auf den Weg in die Stille hineingewagt und dabei hoffentlich schon einige gute Erfahrungen gemacht.

Sie haben mein Buch bis hierhin gelesen, vielleicht ein wenig oder ganz schön intensiv damit gearbeitet. Sie ahnen jetzt bestimmt, was im zweiten Teil dieses Buches auf Sie zukommt:

Jetzt möchte ich mit Ihnen gemeinsam darüber nachdenken, wie wir Schritt für Schritt aus der Stille heraus aufbrechen könnten. Uns auf den Weg zurück in den Alltag machen. Und dabei das Leben des liebenswerten Menschen da im Spiegel so überdenken und vielleicht so neugestalten, dass es ihm guttut. Oder ihr.

Herzlichen Glückwunsch dazu, dass Sie dranbleiben und auch diese Etappe „mitgehen".

Sie haben sich ja bereits die Zeit gegönnt, um etwas zu lesen, das wichtig für Sie werden könnte. Und das womöglich – wenn Sie das möchten – tatsächlich Ihr Leben verändern könnte. In dem Maß und auf die Weise, wie Sie selbst es wollen und dann auch in die Tat umsetzen.

Sollen wir das gleich noch einmal ganz konkret ausprobieren?

Gönnen Sie sich bitte zehn Minuten Zeit und machen Sie sich hier oder auf einem Extrablatt Notizen. Die einfache Frage lautet: Angenommen, ich hätte morgen einen kompletten Tag frei – was würde ich mir gerne gönnen?

Bitte sehr, legen Sie los:

....

....

....

....

....

....

....

....

Na, sind die zehn Minuten langsam herumgegangen oder könnten Sie noch lange weiterschreiben?

Egal, wie viel oder wie wenig Sie sich notiert haben: Lassen Sie diese Wünsche bitte erst einmal einfach stehen. Und bewerten oder beurteilen Sie nichts.

Vielleicht wagen Sie es ja, im Laufe der Lektüre des Buchs zurückzublättern? Und vielleicht den einen oder anderen Wunsch in die Tat umzusetzen?

Ich kann Ihnen verraten, dass ich mir das im Laufe meines Lebens ein paar Mal erlaubt habe: Wünsche zu erfüllen, für die vorher nie Zeit gewesen war. Zum Beispiel zum ersten Mal in meinem Leben auf einem Klettersteig nach oben kraxeln. Oder bei einem Hilfstransport für ukrainische Flüchtlinge von Deutschland aus bis nach Rumänien mitfahren. Oder eine Reise zum Katharinen-Kloster und dem „Moses-Berg" auf dem Sinai zu organisieren. Oder eine nach Auschwitz, Krakau, Breslau …

Ich mache Ihnen Mut, auch mal scheinbar „Unmögliches" zu träumen. Und manches dann auch umzusetzen.

Doch jetzt stellen Sie sich bitte zunächst einmal vor, Sie hätten heute einen Tag Urlaub.

Sie sitzen bei angenehm warmem Wetter auf einer schönen Bank im Grünen, haben einen herrlichen Ausblick vor sich und fühlen sich etwa so, wie ich es in diesem Liedtext beschreibe:

Auf meiner Bank

Mein Freund, lass deine Arbeit steh'n,
komm, nimm dir Zeit für ein Glas Wein.
Die Welt wird sich schon weiterdreh'n,
auch ohne unser Strebsamsein.
Hier sitze ich auf meiner Bank und lehne mich entspannt zurück.
Ich tue nichts. Denk: Gott sei Dank! Ich lebe – welch ein Glück.

Bin nicht mehr jung und noch nicht alt, hab schon so vieles hinter mir.
Bin rumgerannt und hingeknallt und sitze trotzdem heute hier.
Hab gut zu tun und dennoch Zeit. Das übe ich geduldig ein.
Lern Schritt für Schritt Besonnenheit, will eifrig, doch gelassen sein.

Ich übe noch, mein Freund, schon gut, ich geb's ja zu, mir fehlt noch viel.
Doch schau, was sich bei mir schon tut: Ganz langsam wachs ich hin zum Ziel. Ich hoff, ich werd ein weiser Mann,
voll Gottvertrau'n und Kindermut,
der tapfer Fehler machen kann, der lacht und liebt und in sich ruht.

Ach Freund, lass deine Arbeit steh'n,
komm, nimm dir Zeit für ein Glas Wein.
Die Welt wird sich schon weiterdreh'n,
auch ohne unser Strebsamsein.

Text: Christoph Zehendner; Musik: Manfred Staiger;
Den QR-Code zum Anhören des Liedes finden Sie auf S. 149

Mal unter uns: Können Sie ein wenig nachvollziehen, worum es mir in dem Lied geht? Ich sage Ihnen ganz ehrlich: Ich schaffe es sehr selten, mir solche Momente zu gönnen. Aber ich spüre: Ich habe Sie sehr nötig. So wie ich Zeiten der Stille nötig habe. Das Lied drückt meine Sehnsucht aus. Und es erinnert mich daran, dass mir solche Stunden wichtig und wertvoll sind.

Und weil ich glaube, dass es manchem und mancher von Ihnen ähnlich gehen könnte, habe ich dieses Buch geschrieben.

Im Anfang war der Rhythmus.
(Hans von Bülow; Musiker, Dirigent)

Jeder Mensch hat seinen individuellen Rhythmus.
(Novalis)

2. Aus der Stille aufbrechen und einen gesunden Rhythmus finden

Wir atmen ein und atmen aus. Wir erleben Tag und Nacht. Wir beobachten Neumond und Vollmond und all die Phasen dazwischen. Frühling, Sommer, Herbst und Winter wechseln sich ab. Und das wird auch noch lange so bleiben, verspricht uns die Bibel, allen Klimaschwankungen zum Trotz: *„Solange die Erde steht, soll nicht aufhören Saat und Ernte, Frost und Hitze, Sommer und Winter, Tag und Nacht." (1. Mose 8,22)*

Unser ganzes Leben ist Abwechslung. Wir machen unterschiedliche Phasen durch. Mal geht es langsam zu und mal ziemlich hektisch. In besonders bewegten Zeiten spüren wir oft: Allzu leicht geraten wir aus dem Takt, fliegen wegen des zu hohen Tempos aus der Kurve. Sind nicht in dem Rhythmus unterwegs, der uns eigentlich guttun würde.

Wie genau könnte ein „gesunder" Rhythmus für mein Leben denn aussehen, in dem solche massiven Störungen nicht vorkommen, weil ich mich nicht überfordere?

Für mich persönlich beginnt die Suche nach dem passenden

Rhythmus mit einer einfachen Aufgabe: Finde heraus, was genau du eigentlich brauchst. Prüfe diese Frage ernsthaft in der Stille und aus der Stille heraus. Unter welchen Bedingungen „funktioniere" ich am besten? Oder schöner ausgedrückt: Unter welchen Bedingungen kann ich am besten leben, arbeiten und mein Leben genießen? Wie komme ich am besten in einen guten „Flow" mit ausreichend Zeit und Kraft für Arbeit, Familie, Freizeit? Und wie kann ich diesen Flow gut durchhalten?

Ich nehme mir von Zeit zu Zeit vor, mich dieser Frage in der Stille zu stellen. Wenn möglich mit Gott darüber zu sprechen. Und dann (kleine) Veränderungen in meinen Alltag einzubauen.

Einmal im Jahr laden wir zu einem Seminar mit dem Titel *„Meinen Rhythmus finden"* ins Kloster Triefenstein ein. Vier Tage lang stellen sich Teilnehmerinnen und Teilnehmer gemeinsam mit uns dieser Frage.

Mein Freund Jürgen Scharpf bringt dabei persönliche Erfahrungen von Burnout und Scheitern ein, aber auch seine Kompetenz als ausgebildeter Burnout-Berater und Coach. Aus einer persönlichen Krise heraus hat er gelernt, sich weitergebildet, eine ganz neue Berufung entdeckt.

Seine Frau Anne als Gesundheitsberaterin und Sportcoach bringt uns beim Seminar in Bewegung und erinnert uns daran, dass ein gesunder Rhythmus eben nicht nur „Kopfsache" ist. Meine Frau Ingrid – Kunsttherapeutin – lädt zur kreativen Auseinandersetzung mit dem Thema ein und nutzt dazu Farben und Formen.

Über das große Interesse an diesem Seminar und über die vielen guten Reaktionen der Teilnehmer freuen wir uns sehr. Aber ich gestehe hier auch: Für mich ist dieses Wochenende jedes Jahr erneut eine ganz persönliche Weiterbildung. Ich hinterfrage mich und meinen momentanen Lebens- und Arbeitsstil in der jeweiligen Situation. Und versuche immer neu, den für mich in dieser speziellen Situation passenden Rhythmus zu überprüfen oder wenn nötig neu zu finden.

Jetzt fragen Sie sich bestimmt: Wie finde ich den für mich richtigen Rhythmus? Welchen Rahmen, welches Umfeld, welche Geschwindigkeit brauche ich, um optimal arbeiten und das Leben richtig genießen zu können? Zufriedenheit und Wohlbefinden sind ja Schlüssel zu einem Leben, das wir als „gelungen" empfinden.

Ich erlebe: Wir Menschen sind unterschiedlich. Höchst unterschiedlich. Wir sind absolut einzigartige Originale. Gott sei Dank! Was der eine als total anstrengend empfindet, ist für den anderen ein Klacks. Die Aufgabe, die jemanden ein ganzes Jahr beschäftigen kann, wird von seiner Kollegin in ein paar Tagen erledigt.

Umso wichtiger ist, dass ich mein ganz persönliches Tempo herausfinde. Dass ich beispielsweise herausbekomme, ob ich eher ein Morgenmuffel bin oder gerade in den Morgenstunden besonders zügig und erfolgreich arbeiten kann. Und dass ich dann meinen Tag nach Möglichkeit so gestalte, wie er am besten zu mir und meinem „Biorhythmus" passt. Und auch meine ganze Woche entsprechend ausrichte.

Wir haben dafür ein sehr gutes und bewährtes Vorbild: Schon ganz am Anfang der Welt gönnt Gott sich nach sechs schöpferischen Tagen eine Ruhezeit. Und gibt entsprechend einen Takt vor, der auch uns wohltut:

Sechs Tage arbeiten. Einen Tag ruhen.

Klingt ja super. Nach schöner, heiler Welt. Für unsere Großeltern war das noch Normalität. Aber ich weiß natürlich: In der heutigen Welt schaffen es viele von uns aus den unterschiedlichsten Gründen nicht (mehr), diesen Rhythmus einzuhalten. Sonntagsdienste und Schichtarbeit wirbeln alte Traditionen durcheinander. Durch die Arbeit im „Homeoffice“ sind die Bereiche „Leben“ und „Arbeiten“ kaum noch voneinander abzugrenzen.

Gerade deshalb ist es wichtig, die Frage der Fragen nicht aus dem Blick zu verlieren: Welcher Rhythmus tut mir gut? Wie wechseln sich bei mir Arbeit und Freizeit, Anspannung und Entspannung, Schuften und Feiern ab?

Ich gestehe: Der Sonntag ist für mich persönlich selten ein „Ruhetag“. Im Gegenteil: Gerade am Sonntag wirble ich sehr aktiv bei Konzerten, Gottesdiensten, Freizeitleitungen herum. Oft ist der Sonntag ein echter Arbeitstag, mit teilweise mehreren Einsätzen am Tag. Und so muss die Frage an mich selbst lauten: Wann nehme ich mir dann stattdessen meinen „Sonntag“, meinen Tag der Ruhe, der Erholung, der Stille?

Für viele Pfarrerinnen und Pfarrer, für Pastoren und andere „hauptamtlich“ tätigen Menschen gibt es in der Regel als Ausgleich den freien Montag (der in manchen Gemeinden scherzhaft als „Pfarrersonntag“ bezeichnet wird).

Aber wo findet bei mir der „Ausgleich“ statt? Und wo bei Ihnen?

Sind Sie mutig?

Dann notieren Sie doch mal ohne lange nachzudenken die letzten drei, vier oder fünf „Sonntage“, die Sie ganz bewusst als freie Tage erlebt haben. Wann genau war das?

Wie haben Sie diese freien Tage verbracht?

Die ganz Mutigen unter Ihnen könnten ja jetzt noch überlegen: Welcher dieser Sonntage hat mir besonders gutgetan?

Welches „Sonntagsprogramm" war eher stressig statt erholsam?

Seit mehr als zehn Jahren lebe und arbeite ich in einem Kloster (Triefenstein, zwischen Würzburg und Aschaffenburg, direkt am Main). Der Einstieg war für einen eher ruhelosen Hektiker wie mich eine echte Herausforderung. Hier im Kloster ist der ganze Arbeitstag durchgetaktet, wird regelmäßig unterbrochen durch Tageszeitengebete, Mahlzeiten und Pausen. Nie arbeiten wir länger als zwei Stunden lang ununterbrochen am Stück.

Ich brauchte eine Weile, bis ich dieses Tagesgerüst eingeübt hatte. Heute aber würde ich sagen: Mein Arbeitstag bekommt dadurch einen guten Rhythmus. Diese Taktung ist gut und sogar regelrecht heilsam für mich.

„Die Leute, die niemals Zeit haben, tun am wenigsten", hat Georg Christoph Lichtenberg einmal gesagt und vermutlich da-

bei gelächelt. Ich setze ebenfalls lächelnd einen drauf: Wer den für sich passenden Rhythmus entdeckt und lebt, der schafft am meisten.

Ein gesunder Takt für meinen Tag. Genauso könnte es mir auch guttun, meiner Woche eine gute Struktur zu geben, meinem Monat, meinem Jahr. Nicht krampfhaft. Und schon gar nicht als Forderung an andere. Aber als ein Schritt auf meinem Weg aus der Stille heraus zurück in meinen Alltag.

Auszeiten gehören dazu, sie sind lebensnotwendig.

Pausen übrigens auch, kürzere und auch längere.

Maceo Parker, ein berühmter Jazzsaxophonist, sagte einmal über seine mitreißende Musik: *„Musik ist, was du* nicht *spielst."*

Musik entsteht also durch die richtigen Pausen an der richtigen Stelle. Und genau das gilt auch für das Leben und Arbeiten bei Ihnen und bei mir.

„Mach mal Pause", sagte schließlich nicht nur ein raffinierter Werbetexter, der für Coca-Cola arbeitete. Schon Jesus macht uns das große Angebot: *„Kommt her zu mir, die ihr müde und voller Lasten seid. Ich will euch erquicken"* (Matthäus 11,28).

Das letzte Wörtchen dieses Satzes hat es in sich. „Ich will euch erquicken", übersetzt Martin Luther die Worte Jesu. Andere Übersetzungen formulieren: „ich will euch Ruhe geben", „ich werde euch die Last abnehmen", „ich werde euch Ruhe schaffen" oder „bei mir erholt ihr euch." Lauter sehr schöne Zusagen.

Noch schöner aber ist der griechische Originalausdruck, finde ich:

Im griechischen Text (in dem das Neue Testament ursprünglich verfasst wurde), heißt der entsprechende Begriff: **„anapauso"**. Lesen Sie das bitte mal laut, auch wenn Sie kein Wort griechisch können: anaPAUSO. Jesus will ihnen eine Pause gönnen. Und mir auch. Wie herrlich! Und wie lebensnotwendig.

Gerade weil das Tempo der meisten Menschen heutzutage steigt und steigt. Zwangsläufig. Man erwartet immer mehr Leistung von uns – am Arbeitsplatz, in der Familie, in der Gemeinde. Aber deshalb ist ja ein gesunder und persönlich passender Rhythmus auch so wichtig.

Und deshalb will ich mich ganz persönlich angesprochen fühlen, wenn Jesus empfiehlt: *„Geht allein an eine einsame Stätte und ruht ein wenig."* (Markus 6,31 a). Ich nehme mir vor: Es soll Teil meines persönlichen Rhythmus' werden, mir solche Zeiten zu gönnen.

Sind Sie bereit für zehn nachdenkliche Minuten ganz für sich allein? Hier ein paar Fragen, die Sie bedenken könnten:

Welche Zahl würde ich meinem Rhythmus geben auf einer Skala von 0 bis 10 (10 wäre der absolut ideale Rhythmus, 0 das komplette Gegenteil davon).

Wie würde ich das Tempo meines Lebens beschreiben?

Wie würden andere mein Tempo beschreiben?

Wodurch wird das Tempo meines Lebens bestimmt?

Hat mein Leben einen Rhythmus?

Ist dieser Rhythmus eher gesund oder macht er mich eher krank?

Was genau frisst bei mir Zeit und Kraft?

Was genau baut mich auf, stärkt mich, lässt mich aufblühen?

Wofür hätte ich gerne mehr Zeit?

So, ich hoffe, Sie hatten beim Beantworten dieser Fragen ein gutes Gespräch mit sich selbst und Sie haben sich selbst dabei wohlwollend, aber auch kritisch im Spiegel betrachtet.

Denn diesen Menschen da im Spiegel, den sollten Sie auf keinen Fall unterschätzen. Er versteht eine ganze Menge von Ihnen. Er hat oft ein gutes „Bauchgefühl" für Ihre Bedürfnisse. Gerade dann, wenn er aus der Stille heraus aufbricht, ist er sensibel und offen für das, was wirklich wichtig ist.

Bitte vertrauen Sie ihm (oder ihr). Entdecken Sie bitte seine/ihre Kompetenz, und lassen Sie sich von diesem Experten bzw. dieser Expertin beraten, wenn Sie sich auf die Suche begeben nach Ihrem eigenen Rhythmus.

Was zählt

Wir sind so wahnsinnig beschäftigt,
es gibt so furchtbar viel zu tun.
Wir drehn an vielen großen Rädern,
finden kaum Zeit, um auszuruhn.
Wir setzen alle Kraft daran
und kommen doch nicht recht voran.

Das, was zählt, ist die Liebe, mit der du es tust.
Was zählt, ist die Liebe.

Immer weiter, immer schneller,
immer mehr Leistung, Tag für Tag.
Marathonmenschen ohne Pause,
lösen Probleme, Schlag auf Schlag.
Wie wär's, wir hielten mal kurz an und fragten:
Worauf kommt's denn an?

Das, was zählt, ist …

Mutter Teresa: Es kommt nicht darauf an, wie viel du tust, sondern mit wie viel Liebe du es tust.

Text: Christoph Zehendner; Musik: Christoph Zehendner, Albert Frey
Den QR-Code zum Anhören des Liedes finden Sie auf S. 149

Menschen, die verrückt genug sind zu denken, sie könnten die Welt verändern, sind diejenigen, die es auch tun.
(Steve Jobs)

Ein Leben ohne Ziel ist unstet.
(Seneca)

Wer das Ziel kennt, kann treffen.
(Brasilianisches Sprichwort)

3. Aus der Stille aufbrechen und die richtigen Ziele anpeilen

„Ach, bitte schön, könnten Sie mir vielleicht sagen, wo ich eigentlich hin will?" Über diesen herrlichen Satz des bayrischen Komikers Karl Valentin haben schon Generationen gelacht.

Valentin spitzt wunderbar zu, was ich mich oft gar nicht zu denken traue. Ich weiß doch tatsächlich in vielen Situationen gar nicht so richtig, wo genau ich eigentlich hin möchte. Ich bin mir nicht wirklich klar über meine Lebensziele. Und deswegen habe ich auch keine Ahnung, welche Richtung ich einschlagen soll. Was für eine Chance, aus der Stille heraus neu oder wieder über meine Ziele nachzudenken.

Das ganze Leben besteht ja aus unendlich vielen Entscheidungen. Das geht schon frühmorgens los: Wann stehe ich auf? Wie viel Zeit nehme ich mir im Bad? Welches Aftershave nehme ich heute – oder lasse ich das Rasieren ganz bleiben?

In der Regel denke ich über diese Fragen gar nicht nach, sondern beantworte sie aus dem Bauch heraus. Ich gehe einfach los, weil das erste Ziel des Tages klar ist: rechtzeitig wach sein, gestriegelt, gebügelt, gestärkt, damit die Arbeit beginnen kann.

Fachleute sagen uns: Von den rund 20.000 Entscheidungen, die wir durchschnittlich pro Tag treffen müssen, fallen die allermeisten „intuitiv". Das bedeutet: Unser Bauchgefühl entscheidet, nicht unser Verstand. Damit kommen wir übrigens erstaunlich gut zurecht.

Aber gilt das auch für die großen Ziele meines Lebens? Da lasse ich mich doch eher nicht nur von meinem „Bauchgefühl" leiten. Oder etwa doch?

Als Kind im Kindergarten hatte ich das Ziel, möglichst schnell „groß" zu werden und endlich in die Schule zu kommen.

In der Schule wollte ich ein einigermaßen passables Zeugnis erkämpfen. Dann einen vernünftigen Schulabschluss mit möglichst guter Note. Schließlich die passende Ausbildung mit der Möglichkeit, den richtigen Beruf ergreifen zu können.

Und dann?

All das waren ja wichtige Teilziele, wichtige Etappen auf meinem Lebensweg. Aber welche Ziele stehen über all diesen Teilzielen?

Oder noch konkreter gefragt: Was ist eigentlich das wichtigste Ziel meines gesamten Lebens?

Und welche weiteren wichtigen Teilziele auf dem Weg dorthin möchte ich gerne erreichen – in den nächsten Jahren oder Jahrzehnten, mit meinem ganzen Leben?

Natürlich, das sind schwierige Fragen. Vielleicht gefällt Ihnen ja diese Formulierung besser:

Was ist das wichtigste Projekt meines Lebens?

Und welche Projekte haben daneben auch noch Priorität?

Haben Sie Mut dazu, zehn Minuten lang (oder gerne auch länger) über diese Fragen nachzudenken? Und sich dann ein paar Stichworte zu notieren?

Meine wichtigsten Ziele/Projekte sind:

Oh, da steht noch nichts auf Ihrem Blatt oder hier im Buch? Ich kann das verstehen, ich tue mich oft auch schwer damit, konkrete Ziele zu benennen. Aber genau deshalb mache ich Ihnen (und mir) Mut dazu, damit zu beginnen, immer wieder neu.

Der weise Indianerhäuptling Sitting Bull soll einmal gesagt haben: „*Ein Mensch ohne Ziel ist wie ein Pfeil ohne Spitze.*" Diese Erfahrung sollten wir uns besser ersparen: stumpf und ohne konkrete Richtung durchs Leben zu fliegen. Hin- und hergetrieben von tausend Sachzwängen, Einflüssen, Einflüsterungen, Erwartungen.

Dabei könnte ich mir doch so viele herrliche Ziele vornehmen:

- Eine Fremdsprache lernen.
- Ein Nullenergiehaus bauen.
- Einen Marathon laufen.
- Oder wenigstens einen Halbmarathon.
- Ein Buch schreiben.
- Eine Weltreise planen.
- Einen Asylbewerber in die deutsche Gesellschaft hineinbegleiten.
- Eine zerbombte Schule in der Ukraine aufbauen.
- Zehn Kilo abnehmen.
- Mich weiterbilden.
- Mein Leben an Gott und seinem Wort ausrichten.
- Anderen Menschen Ermutiger sein.
- Immer mehr der Mensch werden, der ich eigentlich gerne sein möchte.

Egal, was Sie sich konkret vornehmen: Träumen Sie ruhig erst einmal davon. Vielleicht auch von Zielen, die Ihnen zunächst unrealistisch, wirklichkeitsfern erscheinen.

Und dann packen Sie's an. Wagen Sie einen ersten Schritt in diese Richtung. Und dann den zweiten.

Vergessen Sie dabei bitte nicht: Wir sind auf einer „Bergtour" unterwegs. Auch auf dem Weg nach unten setzt man da Schritt hinter Schritt.

Übrigens gilt in den echten Bergen und genauso bei unserer Bergwanderung hier: Für manche Wegstrecken ist es gut, einen erfahrenen Begleiter an der Seite zu haben. Einen „Bergführer". Einen, der Bescheid weiß, der vorangeht oder mich aus dem Hintergrund heraus auf dem richtigen Weg leitet. Einen, der mir Gesprächspartner ist und mir dabei hilft, meinen Weg zu finden. Ein Coach. Eine Therapeutin. Ein Seelsorger. Eine gute Freundin, ein Freund.

Manchmal brauchen wir Hilfe, wenn wir vorankommen wollen. Dann sollten wir uns unbedingt Hilfe suchen. Und sie dann auch annehmen. Auf diesen Punkt sollten wir später unbedingt noch einmal zurückkommen. Ich jedenfalls wünsche Ihnen und wünsche mir, dass sich auf diese Weise die guten Gaben, die Gott in unser Leben hineingelegt hat, entfalten können:

Dass deine Träume Wurzeln schlagen

Ich wünsch dir, dass du wachsen kannst,
dass deine Träume Wurzeln schlagen,
dass du die Kraft hast, es zu wagen,
dass deine Sehnsucht Knospen treibt,
dass vieles wächst und manches bleibt.
Ich wünsch dir, dass du wachsen kannst.

Ich wünsch dir, dass du blühen kannst,
in guter Erde festgehalten,
solln deine Gaben sich entfalten.
Lass deine bunten Blüten sehn –
sie sind besonders, einfach schön.
Ich wünsch dir, dass du blühen kannst.

Ich wünsch dir, dass du reifen kannst,
dass deine Zweige Früchte tragen
und kraftvoll in den Himmel ragen.
Dass du ein Mensch wirst mit der Zeit,
der wie ein Baum wächst und gedeiht.
Ich wünsch dir, dass du reifen kannst.

Text: Christoph Zehendner; Musik: Manfred Staiger
Den QR-Code zum Anhören des Liedes finden Sie auf S. 149

Ein weites Feld

Gottes Wort ist wie ein Samenkorn,
kaum zu sehn, winzig klein.
Säe es aus und schau beim Wachsen zu:
Es wird groß wie eine Eiche sein.

Ein weites Feld ist deine Seele.
Ein weites Feld. Und Gott sät aus.
Ein weites Feld, mit vielen Böden.
Und mit der Zeit wächst gute Frucht daraus.

Gottes Reich ist wie ein Samenkorn, kaum zu sehn,
winzig klein.
Säe es aus. Schau beim Wachsen zu:
Es wird groß wie eine Eiche sein.

Dein Vertrau‘n ist wie ein Samenkorn,
kaum zu seh‘n, winzig klein.
Säe es aus. Schau beim Wachsen zu:
Er wird groß wie eine Eiche sein.

Ein weites Feld …

Text: Christoph Zehendner; Musik: Ralf Schuon
Den QR-Code zum Anhören des Liedes finden Sie auf S. 149

Ich wünsch dir, dass du wachsen kannst. Ich wünsch dir, dass Gott auf dem weiten Feld deiner Seele viel Wachstum möglich macht. Und mir selber wünsche ich das offen gestanden auch. Tja, wenn das nur nicht immer so schwierig wäre ...

Ich weiß ja auch, dass ich nicht allein auf dieser Welt lebe, dass unendlich viele Hürden auf dem Weg zu diesem Ziel zu überwinden sind. Dass jede und jeder von uns mit persönlichen Grenzen und Einschränkungen zurechtkommen muss. Nicht alles, was ich mir vornehme, kann ich auch schaffen.

Aber Beispiele wie das von Alexander Gerst machen mir Mut.

Gerst stammt aus der Kleinstadt Künzelsau, macht Abitur in Öhringen (auch nicht gerade eine Metropole), zieht ein Jahr mit dem Rucksack durch die Welt und verliebt sich bei der Gelegenheit in Vulkane. Er will mehr darüber wissen und fängt an zu studieren. Geophysik, später Geowissenschaften. Wie 8400 andere Möchtegern-Astronauten bewirbt er sich bei der ESA. Er besteht den knallharten Auswahltest – und wird genommen. 2014 verbringt Gerst fast ein halbes Jahr lang im All, als Bordingenieur auf der internationalen Raumstation ISS. Nach seiner Rückkehr auf die Erde sagt Gerst der Presse: „*Wenn man Venus, Mars und Mond sieht – unglaublich klar –, dann zieht es einen schon raus. Das liegt in der Natur des Menschen.*"

2018 dann sein zweiter Einsatz auf der ISS, diesmal ein Vierteljahr lang als Kommandant. Auch Ziele für die Zukunft hat Alexander Gerst sich schon gesteckt: Er würde gerne zum Mars fliegen. Oder zum Mond. Oder die künftigen Astronauten vom Boden aus unterstützen, die diesen Flug absolvieren werden. Nicht schlecht, oder?

Gemessen an den Erfolgen und Zielen von Alexander Gerst sind meine Ziele überschaubar. Aber ich lerne von ihm und anderen: Es lohnt sich, mir konkrete Ziele zu stecken. Nicht nur immer auf meine Grenzen zu sehen. Nicht nur auf das, was ich *nicht* kann zu starren. Nicht nur auf das, was ich ja sowieso nicht schaffen werde. Sondern auch mal das Unmögliche zu denken. Und es mir dann vielleicht konkret vorzunehmen. Ein großes Ziel ins Auge zu fassen. Und mir auf dem Weg dorthin viele Teilziele zu setzen.

Gotthold Ephraim Lessing macht mir dabei Hoffnung, dass es nicht auf die Geschwindigkeit ankommt: „Der Langsamste, der sein Ziel nicht aus den Augen verliert, geht immer noch geschwinder als jener, der ohne Ziel umherirrt."

Und auch der Prophet Jeremia setzt (schon vor etwa zweieinhalbtausend Jahren) auf Fortschritt und macht mir Mut: „Pflügt ein Neues." (Jeremia 4,3 b)

Was könnte mich davon abhalten, meinen Pflug auf neues Land zu setzen, ein neues Projekt anzugehen, mir ein ambitioniertes Ziel zu setzen?

Mir fallen da z.B. diese möglichen Antworten ein – und Strategien dagegen:

- Ich weiß eigentlich nicht genau, was ich will.

Vielleicht müsste ich mich mehr mit der Basis meines Lebens beschäftigen? Vielleicht müsste ich genauer als bisher herausfinden, was ich will, wonach ich mich sehne, was noch in mir steckt? Vielleicht brauche ich dazu gute Bücher, ein gutes Seminar, gute Gesprächspartner, einen Coach?

- Ich bin selbst nicht ganz überzeugt.

Um noch einmal Karl Valentin zu zitieren: „Mögen hätt ich schon wollen, aber dürfen habe ich mich nicht getraut." Wenn ich mich mit viel Unsicherheit auf den Weg mache, komme ich vermutlich nicht weit. Vielleicht hilft es mir, gute Argumente für mein Ziel bzw. meine Ziele zu sammeln und mir zu notieren? Vielleicht bringt es mich weiter, diese Ziele Freundinnen oder Freunden mitzuteilen und mich von ihnen begleiten und unterstützen zu lassen? Vielleicht schließe ich einen „Vertrag" mit mir selbst und vereinbare Teilschritte?

- Ich scheue vor den Konsequenzen zurück.

Wer A sagt, sollte auch B sagen. Wer sich ein Ziel steckt, der braucht den Mut, viele kleine Schritte auf dem Weg zu diesem Ziel zu gehen. Und das bedeutet konkret: Er muss, kann, darf, sollte immer neu ein „Ja" ohne „aber" zu seinem Ziel wagen. Und auch ein „Ja" ohne „aber" zu dem nächsten Schritt. Dabei gilt natürlich: Zwangsläufig bedeutet das „Ja" zu einem Ziel und einem bestimmten Schritt immer auch ein „Nein" zu tausend anderen Zielen und unzähligen anderen möglichen Schritten.

Vielleicht lerne ich es bei der Gelegenheit, mich für ein klares „Ja" und ein klares „Nein" zu entscheiden (eine Kunst, die die meisten Menschen hart trainieren müssen). Vielleicht schaffe ich es, meine Entscheidung klar und unmissverständlich auszusprechen. Mir selbst und gleichzeitig allen Betroffenen gegenüber. Nachvollziehbar und um Verständnis werbend.

So könnte ich weitermachen mit Hinderungsgründen und Hürden, jeder Mensch hat andere. Aber ich bin davon überzeugt: Diese Hürden sollten uns nicht davon abhalten, auf gute Ziele zuzugehen.

Im Neuen Testament taucht das Wort „Ziel" übrigens nur dreimal auf. Aber von der *Verfehlung* des Ziels ist öfter die Rede. Ich kann hier lernen: Gott tut alles, damit uns Menschen die ganz grundsätzliche „Zielverfehlung“ (griechisch *„Hamartia“*, dieses Wort wird in der Bibel oft mit „Sünde“ übersetzt) erspart bleibt. Sein Wort, die Weisheit der Bibel, will uns dabei helfen, unser Leben zu einem guten Ziel zu bringen.

Im Hebräerbrief (2,1) steht dazu: „Darum sollen wir desto mehr auf das Wort (Gottes) achten, das wir hören, damit wir nicht am Ziel vorbeitreiben.“

Ein spannender Gedanke: Um ans Ziel zu kommen, muss ich kein „Zielwasser“ trinken. Keine Scheuklappen aufsetzen, die alle Ablenkungen fernhalten.

Um nicht „am Ziel vorbeizutreiben“, sollte ich auf Gottes Wort hören. Eine ungewöhnliche Motivation, die Bibel ernst zu nehmen.

Ich habe erlebt: Das gelingt mir am besten nicht allein, sondern gemeinsam mit Weggefährten. So wie ja auch Jesus auf seine Wanderung auf den Berg eine Handvoll enger Freunde dabeihatte. Und auch an anderen wichtigen Wendepunkten seines Lebens waren sie in seiner Nähe: Petrus, Johannes, Jakobus, seine engsten Vertrauten im Kreis der Jünger.

Gute Beziehungen sind wichtig – unser Thema im nächsten Kapitel.

Bevor Sie weiterlesen: Wollen Sie sich zur Vorbereitung vielleicht einmal ganz spontan noch die Namen der wichtigsten Freunde, Freundinnen, Wegbegleiter, Gefährtinnen usw. notieren?

....

....

....

„Freundschaft ist nicht nur ein köstliches Geschenk, sondern auch eine dauerhafte Aufgabe."
(Ernst Zacharias)

„Wer sich keine Zeit für seine Freunde nimmt, dem nimmt die Zeit die Freunde."
(Russisches Sprichwort)

4. Aus der Stille aufbrechen und gute Beziehungen entwickeln

„Wir fahren mit dem Mountainbike durch die Alpen, von Füssen bis zum Gardasee. Kommst du mit?" Als mein Freund Jürgen mir vor ein paar Jahren diese Frage stellte, hatte ich allen Grund dazu, den Kopf zu schütteln. Ich besaß zu dieser Zeit ja noch nicht mal ein eigenes Fahrrad. Geschweige denn Fahrradpraxis. Das Ziel Gardasee per Fahrrad war für mich also vollkommen unerreichbar.

Doch Jürgen wusste ganz genau, dass ich weder für diese Reise ausgerüstet noch ein erfahrener Biker war. Er lachte und setzte mir geduldig seinen Plan auseinander: Dass er mir sein Zweitfahrrad ausleihen und mit mir trainieren würde. Dass wir eine Strecke mit verhältnismäßig wenigen Höhenmetern nähmen, die mich nicht überfordern würde. Und überhaupt, dass er sich ja bestens auskenne und mich schon zum Ziel begleiten werde.

Gesagt, getan. An einem regnerischen Morgen fuhren wir in

Füssen los. Ganz nebenbei: E-Bikes gab es damals noch nicht. Wir bezwangen allein mit unserer Muskelkraft ein paar (nicht besonders schwierige) Pässe, radelten durch traumhafte Gebirgstäler, pflegten abends unsere geschundenen Waden und Hinterteile – und genossen eine knappe Woche später die endlos lange, herrliche Abfahrt aus den Bergen hinunter nach Riva del Garda.

Großartig, vermutlich der sportliche Höhepunkt meines Lebens. Ein Ziel, das für mich erst einmal vollkommen unerreichbar schien. Das ich aber durch das Vertrauen, die Umsicht und die Sachkenntnis meines Freundes tatsächlich erreicht habe. Und auch ein bisschen durch meine eigene Hartnäckigkeit.

Schon 1930 schmetterte Heinz Rühmann den Schlager: „Ein Freund, ein guter Freund." Um dann zu sagen: „Ein Freund bleibt immer Freund, und wenn die ganze Welt zusammenfällt."

Je älter ich werde, desto mehr begreife ich die tiefe Wahrheit dieses Liedes. Ein guter Freund ist vielleicht nicht das *Schönste* auf der Welt. Aber es gehört doch für mich zu den kostbarsten Erfahrungen im Leben, einen guten Freund in Aktion erlebt zu haben.

Bei dieser Mountainbike-Tour oder bei der tage- und nächtelangen Arbeit an einer neuen CD. Im gemeinsamen regelmäßigen Gebet oder beim spontanen, fröhlichen Abend bei einem guten Glas Wein und jeder Menge Spaß.

Wohl dem, der einen echten Freund hat.

Als Kind schließt man leicht Freundschaften. Im Sandkasten, im Kindergarten, in der Schule. Als Erwachsener wird man wählerischer. Man lernt ja in den verschiedenen Lebensbereichen immer neue Menschen kennen. Lauter potenzielle neue Freunde.

In den sogenannten „sozialen Medien" wie Facebook aber verliert der Begriff „Freundschaft" nach meinem Empfinden an Wert.

Dort bekommt man ja, schier im Handumdrehen, „Freunde" gleich mengenweise. Ich selbst habe bei Facebook seit ein paar Jahren immer etwa 4990 „Freunde" (mehr lässt diese Plattform nicht zu). Dazu könnte ich noch mehr als 1000 Follower bei Instagram oder die knapp siebenhundert Abonnenten bei YouTube aufführen.

Aber das würde Sie vermutlich wenig beeindrucken. Fußballstar Cristiano Ronaldo jedenfalls hat fast 500 Millionen Follower bei Instagram. Dagegen bin ich rein zahlenmäßig eine absolute Null. Aber ob der Mann trotz seiner Millionen an Dollars und Followern tatsächlich mehr echte Freunde hat als ich? Da hab ich so meine Zweifel.

Facebook-Gründer und Meta-Chef Mark Zuckerberg selbst ist da jedenfalls ganz nüchtern und warnt:

„Wer glaubt, dass jeder Facebook-Kontakt ein Freund ist, der weiß nicht, was Freundschaft bedeutet."

Ich persönlich bin in den letzten Jahren sehr vorsichtig geworden und verwende den Begriff „Freund" sehr sparsam. Zumal man ja nicht nur gute Erfahrungen mit sogenannten „Freunden" macht.

In der politischen Welt, in der ich lange Jahre als Journalist gearbeitet habe, gibt es den bösen Scherz:

Wie steigert man den Begriff „Freund"?

Freund.

Feind.

Parteifreund.

Ein paarmal habe ich die bittere Wahrheit dieses Witzes selbst beobachten können. Nach allem, was ich aus verschiedensten Branchen in der Wirtschaft höre, geht es dort oft ähnlich zu:

Der nette Kollege nimmt mich lächelnd in den Arm – und versucht mich dabei zu erwürgen.

Die ach so freundliche Geschäftsfreundin erweist sich in der Krise als rücksichtslos bis unfair.

Es ist nicht einfach, Freundschaften zu schließen, wenn man fürchten muss, von solchen angeblichen „Freunden“ eines Tages ein Messer in den Rücken gestoßen zu bekommen.

Dabei sind tiefe, ehrliche Beziehungen und Freundschaften so wichtig. Sie machen ein wertvolles Stück meiner Lebensqualität aus. Wenn mein Leben gelingen soll, dann brauche ich solche tragfähigen Beziehungen.

Ich habe mich einmal gefragt:

Welcher Freund würde mir bleiben, wenn ich eines Tages nicht mehr singen, keine Texte und Bücher mehr schreiben, keine CDs mehr machen, keine Referate mehr halten, nicht mehr moderieren und predigen könnte? Wenn also all das wegfiele, was die Leute an mir schätzen? Welcher Freund, welche Freundin bliebe mir, wenn meine Welt „zusammenfällt“? Gerade dann brauche ich doch stabile Freundschaften.

Ich mache Ihnen Mut, sich diese Frage auch einmal zu stellen: Wer würde zu Ihnen stehen, auch dann, wenn Ihre ganze Welt „in sich zusammenfallen“ würde?

Ich kann Ihnen nur empfehlen: Pflegen Sie die Beziehung zu den Menschen, deren Namen Sie hier notiert haben. Und mir selbst empfehle ich das ganz genauso.

Denn wir alle brauchen Freunde, die durch dick und dünn an unserer Seite bleiben.

Ich denke an Hiob, diesen „Bluesmann" aus dem Alten Testament. Wir lernen ihn beim Lesen der Bibel zunächst als reichen und glücklichen Mann kennen mit einer großen Familie. Doch dann folgt eine „Hiobsbotschaft" der anderen: Eines Tages sitzt Hiob ohne eigene Schuld arm und krank in den Trümmern seines Hauses. Er hat alles und dazu noch alle seine Lieben verloren.

Gott sei Dank hat Hiob aber drei Freunde: Elifas, Bildad und Zofar. Treue Freunde.

Die kommen und weinen mit ihm und setzen sich zu ihm auf den Boden: *„Und sie saßen mit ihm auf der Erde sieben Tage und sieben Nächte und redeten nichts mit ihm; denn sie sahen, dass sein Schmerz groß war.*" (Hiob 2,13)

Puh, das sollten wir uns einen Moment auf der Zunge zergehen lassen. Oder noch besser: Das lassen wir vor unserem inneren Auge vorüberziehen: Das sind drei Freunde:

Elifas zu deutsch: „Mein Gott ist Sieger", aus einer Oasenstadt im Norden Arabiens.

Bildad, zu deutsch: „Kind Gottes", aus Mesopotamien, also dem heutigen Irak – auch ein Freund mit „Migrationshintergrund".

Zofar aus Naama – da tun sich die Gelehrten mit Namen und Adresse schwer, vielleicht hat der Name die Bedeutung „Kleiner Vogel", vermutlich stammt er auch aus Arabien.

Von weit her also kommen die Freunde, als sie von dem Unglück hören. Hiobs Freunde wohnen offensichtlich nicht um die

Ecke oder im Nachbarort. Sie kommen aus der Ferne herbeigeeilt. Erst erkennen sie Hiob gar nicht, so dreckig geht es ihm. Darüber jammern und klagen sie. Sie zerreißen ihre Klamotten, sie bewerfen sich selbst mit Staub. So setzen sie lauter Zeichen von großer Trauer. Und dann das Schärfste: Sie sitzen *sieben Tage und sieben Nächte* mit Hiob im Dreck. Und schweigen.

Sieben Tage: Das ist die Zeit, die damals vorgeschrieben war für die Trauer. Wohl dem, der solche Freunde hat. Die da sind und mitleiden und schweigen.

Dann sind die sieben Tage vorbei. Hiob 3,1-3:

„Danach tat Hiob seinen Mund auf und verfluchte seinen Tag. Und Hiob sprach: Ausgelöscht sei der Tag, an dem ich geboren bin, und die Nacht, da man sprach: Ein Knabe kam zur Welt!"

Hiob ist vor lauter Schmerz lebensmüde geworden. Das ist schwer auszuhalten. Die Freunde halten es aus. Großartig! Als sie dann aber den Mund aufmachen und große Reden halten, fühlt Hiob sich nicht verstanden und fängt an, mit ihnen heftig zu diskutieren, weil er sauer ist über das, was sie ihm sagen.

Aber ich denke: Immer noch besser Freunde, die da sind und Unsinn erzählen, als keine Freunde. Gerade an den Tiefpunkten des Lebens.

In der Krise an meiner Seite sein, mit mir im Dreck sitzen, mit mir weinen – dafür sind Freunde wichtig!

Noch ein anderes Beispiel von Freundschaft berichtet uns die Bibel: die ungleiche Freundschaft vom Hirtenjungen und dem Königssohn, von David und Jonatan.

David hatte offensichtlich mehrere Freunde. Einer trägt den für unsere Ohren ungewöhnlichen Namen *Huschai*, auch einen *Sabud* und einen *Hanun* gibt es unter den Freunden Davids. Besonders wichtig aber ist David wohl seine Freundschaft zu *Jonatan*.

Zwei unterschiedliche Männer aus verschiedenen politischen Lagern und unterschiedlichen Gesellschaftsschichten, die als Freunde zueinanderstehen. Von dieser Beziehung schwärmt das 1. Samuelbuch geradezu:

„Nach diesem Gespräch traf David Jonatan, den Sohn des Königs. Vom ersten Augenblick an verband sie eine tiefe Freundschaft, ja, Jonatan liebte David so sehr wie sein eigenes Leben.
David und Jonatan schlossen einen Bund und schworen sich ewige Freundschaft. Jonatan sagte: »David, du bist mir so lieb wie mein eigenes Leben!«"
(1. Samuel 18,1+3 und 4 HfA)

Dazu sind Freunde da, lerne ich in der Bibel: Dass sie sich mit mir verbünden. Dass sie zu mir halten, wenn ich sie brauche. Dass sie mit mir leiden und lachen. Dass sie mit mir schweigen und reden. Dass sie mir Mut machen, wenn mir der Mut ausgeht.

Und wie finde ich solche Freunde? Ich weiß nicht, wie Hiob seine treuen Freunde gefunden hat. Ich halte mich an das weise alte Sprichwort aus China: *„Der beste Weg, einen Freund zu finden, ist der, selbst ein Freund zu sein."*

Freundschaft ist wohltuend, kraftspendend, manchmal lebensrettend. Aber Freundschaft ist auch *Arbeit*. So wie Ehe Arbeit ist. Freundschaft hat mit dem *Gefühl* zu tun, mit Sympathie und Zuneigung. Aber Freundschaft ist auch eine *Willensentscheidung*. Freundschaft entwickelt sich in den seltensten Fällen „einfach so". Sie will gepflegt werden wie ein zartes Pflänzchen.

Gerade bei der Rückkehr aus der Stille heraus in den Alltag

könnte es sich lohnen, die Menschen in meinem Umfeld in den Blick zu nehmen. Sind da vielleicht künftige Freundinnen oder Freunde darunter, die ich bisher gar nicht richtig auf dem Schirm hatte?

Bei Referaten zum Thema „Freundschaft", die ich öfter einmal vor Gruppen von Männern (und gelegentlich auch vor Frauen) halten kann, fasse ich meine Erfahrungen, Beobachtungen und Anregungen in diesen Thesen zusammen:

1. Freunde sind kostbar und unbezahlbar.

2. Bei der Zahl von Freunden gilt: Weniger ist mehr, bzw. weniger sind mehr.

3. Bei der Entscheidung für einen Freund sollte man vorsichtig sein – und risikofreudig.

4. Freundschaften sollten auf Dauer angelegt sein. Damit sie in dunklen und in hellen Stunden erlebt werden.

5. Mit Freunden möchte ich offen und ungeschützt reden und diskutieren und streiten können – und schweigen!

6. Gute Freunde sind noch wichtiger als gute Netzwerke.

7. Wer sich darüber beklagt, keine guten Freunde zu haben, sollte sich einen Spiegel kaufen (bzw. über das eigene Verhalten nachdenken).

8. Freundschaft ist auch eine Entscheidung, die Arbeit macht.

9. Freundschaften, die ich nicht pflege, können verwelken.

10. Gute Freundschaften sind und bleiben – ein Geschenk.

Der Autor des Buchs Jesus Sirach (wir finden sein Buch in den sogenannten „Apokryphen“) hat seine Erfahrungen mit Freundschaft in einer ähnlichen Liste zusammengefasst. Er warnt und gibt Tipps. Für mich klingen seine mehr als 2000 Jahre alten Weisheiten erstaunlich konkret, erstaunlich lebensnah und erstaunlich aktuell:

„Wenn du jemand zu deinem Freund machen willst, dann vertrau dich ihm nicht zu schnell an; finde zuerst heraus, ob er es verdient. Mancher ist dein Freund, solange es für ihn nützlich ist; aber sobald du in Schwierigkeiten gerätst, ist er nicht mehr da. Es gibt Freunde, die mit an deinem Tisch sitzen, solange bei dir alles zum Besten steht. Sie folgen dir wie dein Schatten. Aber sobald du in Schwierigkeiten gerätst, verschwinden sie. Wenn es dir schlecht geht, wollen sie nichts von dir wissen und lassen sich nicht mehr sehen.
Halte dich fern von deinen Feinden und nimm dich in Acht vor deinen Freunden!

Ein zuverlässiger Freund ist wie ein sicherer Zufluchtsort. Wer einen solchen Freund gefunden hat, der hat einen wahren Schatz gefunden. Er ist nicht zu bezahlen und mit nichts aufzuwiegen.

Ein zuverlässiger Freund ist ein echtes Heilmittel; wer dem Herrn gehorcht, findet einen solchen Freund.

Ein Mensch, der sich an den Herrn hält, kann auch rechte Freundschaft halten; denn der Freund, den er wählt, passt zu ihm.“ (Jesus Sirach 6, Auszüge, Gute Nachricht)

Ein unverdientes Geschenk ist es für mich auch, dass Jesus selbst Menschen seine Freundschaft anbietet. Kurz vor seinem Tod spricht er mehrfach über die Freundschaft. Aufgezeichnet hat das für uns Johannes, der Lieblingsjünger Jesu, vielleicht könnten wir sagen: sein bester Freund.

Im Johannesevangelium also stehen die folgenden Worte Jesu: *„Ich sage ab jetzt nicht mehr, dass ihr Knechte seid; denn ein Knecht weiß nicht, was sein Herr tut. Euch aber habe ich gesagt, dass ihr Freunde seid.“* (Johannes 15,15)

Jesus bietet uns seine Freundschaft an, will uns Weggefährte sein, Begleiter, eben Freund. Die Beziehung zu ihm macht mir Mut, auch anderen ein Freund zu sein und mich auf tiefe Freundschaften einzulassen.

Für mich gehört beides zusammen: Die Freundschaft mit einer Handvoll wertvoller Freunde. Und die Freundschaft zu Jesus.

Vielleicht spricht der Prediger im Alten Testament (Prediger 4,12) davon, wenn er sagt: *„Einer mag überwältigt werden, aber zwei können widerstehen, und eine dreifache Schnur reißt nicht leicht entzwei.“*

Mein Lied zum Thema Freundschaft heißt *Weggefährten*, und ich singe es bei vielen Konzerten, weil es für mich ein ganz wichtiges Stück meines Lebens beschreibt.

Weggefährten

Wir haben manchen Pass erklommen
und viele Täler schon durchquert.
Sind manchmal knapp nur durchgekommen,
fuhr'n manchmal fröhlich, unbeschwert.
Wir haben aus der Quelle getrunken und dann wie Könige gespeist.
War'n im Gespräch total versunken,
auch ohne Worte fest verschweißt.

Wir müssen uns nichts mehr beweisen.
Wir wissen schon, wir sind uns gut.
Sind Weggefährten auf den Reisen
und machen uns beharrlich Mut.

Wir haben manchen Witz gerissen,
herumgeblödelt und gelacht.
Wir teilten manchen Leckerbissen
und hatten aufeinander Acht.
Wir haben manchen Schmerz ertragen,
wir litten mit dem andern mit.
An dunklen wie an hellen Tagen –
wir halfen uns bei manchem Schritt.

Wir können zueinander halten, gestärkt durch den, der zu uns hält.
Gemeinsam unsere Hände falten,
verbunden durch den Herrn der Welt.

Text: Christoph Zehendner; Musik: Manfred Staiger
Den QR-Code zum Anhören des Liedes finden Sie auf S. 149

Weißt du, wie du Gott zum Lachen bringen kannst? Erzähle ihm deine Pläne.
(Blaise Pascal)

Du kannst nicht auf Inspiration warten, du musst sie mit einem Knüppel jagen.
(Jack London)

5. Aus der Stille aufbrechen und neue Inspirationen entdecken

Kennen Sie Kaspar Hauser? Eine traurige Gestalt, aber auch eine faszinierende. Am Pfingstmontag des Jahres 1828 taucht in Nürnberg ein merkwürdiger Jugendlicher auf, der nicht viel spricht und seiner Umgebung zahlreiche Rätsel aufgibt (die bis heute noch nicht gelöst sind). Als er sich ein wenig an die Gemeinschaft mit anderen Menschen gewöhnt hat, behauptet er, er sei sein ganzes bisheriges Leben lang bei Wasser und Brot gefangen gehalten worden.

Prompt sind die Verschwörungstheoretiker, Fakenewsverbreiter und Enthüllungsjournalisten jener Zeit zur Stelle. Der arme Kaspar sei ein unerwünschter Erbprinz, den seine Verwandtschaft ausschalten wollte, heißt es. Viel spätere Genanalysen haben die These längst widerlegt, bis heute bleibt das Rätsel: Wer war dieser Kaspar?

Noch viel spannender finde ich persönlich eine ganz andere Frage in diesem Zusammenhang: Kann ein Mensch es tatsächlich überleben, wenn er jahrelang ohne jeden direkten Kontakt zu anderen Menschen vor sich hinvegetieren muss? Ohne Anregungen und Impulse von außen?

Kaspar Hausers Tod jedenfalls gestaltet sich fast so rätselhaft wie sein Auftauchen aus dem Nichts. Nach mehreren Verletzungen (er behauptet, dass Attentate auf ihn verübt worden seien) stirbt er nur fünf Jahre nach seinem Eintreten in die Gemeinschaft der Menschen. Manche Forscher mutmaßen heute: Er hat sich damals selbst das Leben genommen, weil er nach den Jahren in Einsamkeit in der Welt der Gemeinschaft mit anderen einfach nicht klarkam.

Dieser arme junge Mann hat gewaltige Spuren hinterlassen. Schriftsteller, Regisseure, Komponisten haben sich mit ihm beschäftigt. Der berühmte Satiriker Kurt Tucholsky hat seine Texte zeitweise unter dem Pseudonym „Kaspar Hauser" veröffentlicht. In der Verhaltensforschung steht der Name Kaspar Hauser bis heute für die „absolute Vereinsamung" des einzelnen Menschen in der Masse (so Alexander Mitscherlich). Und als „Kaspar-Hauser-Syndrom" bezeichnet man das, was mit Säuglingen oder Kleinkindern geschieht, die lange Zeit ohne persönliche Beziehungen aufwachsen müssen, ohne liebevolle Zuwendung, ohne Nestwärme, ohne Anregungen von außen.

Ich bin kein Wissenschaftler, aber soviel habe ich verstanden: Ein bisschen von diesem Kaspar Hauser steckt in uns allen (sonst würden wir uns wohl nicht so für diesen armen Kerl interessieren). Viele von uns kennen die Angst davor, wie dieser Kaspar isoliert und einsam zu sein. Und: Kein Mensch kann als „Kaspar

Hauser“ leben. Wir alle brauchen Beziehungen, brauchen Gemeinschaft und brauchen Anregung von außen. Brauchen Gespräche, brauchen Ideen, die uns anstecken, brauchen Impulse, die etwas in uns in Bewegung bringen, brauchen Anstöße, die uns davor bewahren, uns immer nur um die eigene Achse zu drehen. Und umgekehrt gilt natürlich auch: Menschen, die in gesunden Beziehungen leben, die Unterstützung und Impulse von wohlwollenden Zeitgenossen bekommen, sind oft zufriedener, gesünder, glücklicher als „Einzelgänger“, die vor allem im eigenen Saft schmoren.

Halt, stopp. Bevor ich hier weitermache, könnten Sie doch mal überlegen, wer oder was Sie in letzter Zeit inspiriert hat?

„*Die Inspiration ist ein Besucher, der nicht gleich bei der ersten Einladung erscheint*“, so plaudert der russische Komponist Peter Tschaikowsky aus dem Nähkästchen. Und will uns wohl damit sagen: Ich kann mir nicht vornehmen, eine Inspiration zu bekommen – und sofort Hunderte von Inspirationen vor meiner Haustür wartend vorzufinden. Ich kann nicht einfach losziehen und gute Ideen wie Pilze einsammeln. Sie wachsen nicht unter dem nächsten Baum, sie verstecken sich nicht unter immer der gleichen Zeltplane hinten im Garten, sie sind eben nicht greifbar und berechenbar.

Die meisten Inspirationen – so meine Erfahrung – begegnen mir direkt oder indirekt in der Begegnung mit anderen Menschen. (Wenn es denn möglich wäre, würde ich Kaspar Hauser gerne mal dazu befragen, wie ein Leben so ganz ohne Inspirationen von außen für ihn überhaupt möglich war).

Im Kontakt mit anderen Menschen kann ich inspiriert werden. Auch beim Betrachten eines Kunstwerks, beim Hören eines Musikstücks, beim Erleben einer grandiosen Aussicht in den Bergen oder bei anderen Naturerfahrungen kann ich angeregt und bereichert werden. Und eben das macht diese Inspirationen zu etwas ganz Besonderem, das ich mir für mein Leben wünsche.

Noch einmal stopp:

Ich verwende hier pausenlos ein Fremdwort, dessen Bedeutung wir sicherheitshalber zunächst einmal klären müssten. Also auf zu Wikipedia, wo ich folgende Erklärung finde:

„Unter *Inspiration* (von lat.: inspiratio ‚Beseelung', Einhauchen von spiritus ‚Leben, Seele, Geist') versteht man allgemeinsprachlich eine Eingebung, etwa einen unerwarteten Einfall oder einen Ausgangspunkt künstlerischer Kreativität."

Danke, Wikipedia, das ist ja spannend: „Inspiration" hat mit „Spirit" zu tun, mit „Leben, Seele, Geist". Eine Inspiration ist eine Eingebung, die mich „belebt", die mich „beseelt", die mich „begeistert". Eine solche Anregung kann ich sehr gut gebrauchen im Trott des Alltags. Sie wird mein Leben reicher machen. Und mit einiger Wahrscheinlichkeit indirekt auch manche der Menschen erfreuen, begeistern, mitreißen, mit denen ich zu tun habe.

Bleibt die entscheidende Frage: Was kann ich denn tun, um offen zu sein für (ich zitiere jetzt noch mal sinngemäß Wikipedia) „Eingebungen, unerwartete Einfälle, Ausgangspunkte künstlerischer Kreativität"?

Ich bin ganz sicher, dass es sehr unsinnig wäre, wenn ich Ihnen jetzt schon erzählen würde, in welchen Situationen *mir* die besten Ideen kommen. Wann *ich* gute Einfälle habe für meine Liedtexte, für eine Predigt oder ein Buch. Ich verspreche Ihnen: bald verrate ich Ihnen das hier in diesem Buch.

Aber erst einmal lade ich Sie wieder ein, sich selbst zu fragen: In welchen Situationen, an welchen Orten, in welchem Rahmen, zu welchen Zeiten, mit welchen Menschen hatten Sie in letzter Zeit die besten Einfälle?

....

....

....

....

....

....

....

So, Sie haben nachgedacht, jetzt bin ich dran und erzähle Ihnen mal ein paar Beispiele davon, wie ich „inspiriert" werde:

- Ich wandere durch den Wald, und plötzlich erinnere ich mich an einen ungewöhnlichen Satz, den ich neulich mal gehört habe. Und im nächsten Augenblick frage ich mich: Könnte das der Kern eines neuen Liedtextes sein?

- Eine Predigt langweilt mich. Ich versuche mich auf den Inhalt zu konzentrieren, aber der Prediger scheint sich alle Mühe zu geben, mich als Zuhörer zu verlieren. Ich sitze da, meine Gedanken suchen sich einen anderen Weg – und landen plötzlich bei einem Einfall, der mit der Predigt nicht das Geringste zu tun hat.

- Ich rede mit einem Menschen und bin beeindruckt von seiner Sachkenntnis, von seiner Ausstrahlung, von seinen Formulierungen. Und mitten in diesem Gespräch kommt mir ein Gedanke, mit dem ich auf einen seiner Gedanken antworte. Und stelle fest: Eine sehr gute Idee!

- Ich fahre im Auto, höre eine gute CD (ja, die gibt es noch. Wie gut!), lasse Text und Musik auf mich einwirken, summe mit, trommle den Rhythmus leise mit meinen Fingern auf dem Lenkrad. Und ganz plötzlich fällt mir ein Mensch ein, dem ich dringend mal eine Mail schreiben sollte. Oder eine Postkarte.

- Beim Einschlafen geht mir ein bestimmtes Problem durch den Kopf. Ich durchdenke verschiedene Lösungswege, ich drehe die Sache mal so und mal andersherum. Dann dämmere ich weg und schlafe bestens. Und am nächsten Morgen ist da plötzlich eine Idee in meinem Kopf, die das Problem löst.

- Ein Buch fesselt mich, ich muss mich richtig zwingen, nicht zu schnell drüberzufliegen, sondern langsam Satz für Satz wirken zu lassen. Und plötzlich lege ich das Buch aus der Hand und fange an, angeregt durch diesen Autor und seine Gedanken, weiterzudenken. Und vielleicht fällt mir ein, welches Land ich gerne mal kennenlernen würde.

Diese ganz persönliche Liste ließe sich fortschreiben. Und Ihre eigene Liste würde sicher auch lang und vielfältig werden.

Im Gespräch oder beim Gebet.

Im Gottesdienst oder bei einer Fernsehshow.

Beim Spazierengehen oder Dösen.

In der Stille oder mitten im Getümmel.

Bei dieser oder jener Gelegenheit und manchmal auch bei völlig anderen erlebe ich Inspirationen. Ich könnte stundenlang davon erzählen, bei welch unterschiedlichen Gelegenheiten mir die Idee zu welchem Liedtext kam, bei welcher ungewöhnlichen Begegnung, unter welchen teilweise witzigen Umständen ich welchen Einfall hatte.

Von anderen Menschen weiß ich, dass sie ihre besten Ideen in der Badewanne haben, unter der Dusche, im Café, im Urlaub oder in einer Werkstatt. Wie gut, dass Inspirationen nicht nach Schema F zu bekommen sind!

Drei Dinge gehen mir durch den Kopf, wenn ich über die Inspirationen nachdenke, die mein Leben so reich machen:

1. Meine wichtigste Aufgabe ist es, *offen zu sein*, zuzuhören, hinzuschauen, ein Gefühl zuzulassen und nicht einfach immer nur wie ein Hamster im Rad vor mich hin zu rennen. Ja, ich schätze auch klar geregelte Tagesabläufe, feste Ordnungen und gute Gewohnheiten. Aber ich will innerhalb dieses Gerüstes offen sein für „Störungen", für Abweichungen von der Regel, für Neuerungen, Verbesserungen und Anregungen.
   Offen sein. Erst einmal ist das nur eine innere Einstellung. Aber die kann Konsequenzen haben. Und soll sie auch.

2. Ich gönne mir deshalb *kreative Pausen,* ich brauche manchmal ein bisschen Abstand zu meinem eigenen Alltag, manchmal auch räumlichen Abstand (eine sehr gute Idee hatte ich mal auf einer Bank am Waldrand, die ich nach einer kleinen Fahrradtour erreicht hatte). In der Regel brauche ich innerlich einen gewissen Freiraum und einen gewissen Rahmen – sonst passiert bei mir gar nichts oder nur sehr wenig.
   Vielen anderen Menschen scheint es ähnlich zu gehen. Bei uns im Kloster Triefenstein treffe ich immer mal wieder Menschen, die sich hier bei uns eine inspirierende Auszeit gönnen. Frauen und Männer aus unterschiedlichen Lebensaltern, Gesellschaftsschichten und Berufssparten. Sie alle nehmen sich Zeit, um über sich nachzudenken, zur Ruhe zu kommen, auf Gott zu hören und dadurch inspiriert zu werden.
   Ein Wochenende, ein paar Tage oder sogar ein halbes Jahr. Nicht wenige berichten hinterher: In dieser Zeit war ich endlich offen für Neues, für Ideen, für Inspirationen. Wie schön!

3. Inspirationen können gute Ideen sein, die irgendwo, tief in meinem Inneren, in einer nicht so leicht zugänglichen Schublade, schlummern und die ich nur herauslassen muss. Als Christ aber rechne ich auch noch mit ganz anderen Inspirationen: Ich wünsche mir, dass *Gottes Geist* (= spirit) sich in meine Welt hinein mit guten Ideen melden darf. Mit einer Inspiration von Gott selbst sozusagen. Dass er mich auf Dinge aufmerksam macht, die ich ohne ihn nie entdecken würde. Dass er mir gute Ideen gibt und die Kraft, sie umzusetzen. Dass er mich begeistert, beseelt und inspiriert mit Einfällen, die ich alleine nie gehabt hätte.

   Mein Leben wird reicher durch seine Impulse. Ich erlebe sie nicht als Vorgaben, schon gar nicht als Zwänge. Für mich sind es gute Anregungen und Ideen, die mich auf vielfältigen Wegen erreichen. Die ich aufgreifen und umsetzen kann. Oder ignorieren. Aber ich wäre doch schön blöd, wenn ich's täte, oder?

In einem Liedtext habe ich einmal ausgedrückt, wie ich auf solche Inspirationen Gottes hören möchte:

Was du sagst

Deine Spuren mitten in meiner Welt.
Im Raunen des Windes.
Im Lachen des Kindes.
In taufrischer Luft.
Im Blütenduft – bist du.

Und ich will hören, was du mir damit sagst, hören, was du sagst.
Möchte hören, was du mir damit sagst, hören, was du sagst.
Mit offenen Ohren, mit offenem Herzen will ich hören, was du mir damit sagst.
Deine Spuren mitten in meiner Welt.
Im Schein der Laterne.
Im Brief aus der Ferne.
Im schönen Gesicht.
Im Liebesgedicht – bist du.

Und ich will hören …

Deine Spuren mitten in meiner Welt.
Im Tanz einer Flocke.
Im Klang einer Glocke.
Im vollen Akkord.
In deinem Wort – bist du.

Und ich will hören …

Text: Christoph Zehendner; Musik: Manfred Staiger
Den QR-Code zum Anhören des Liedes finden Sie auf S. 149

Ich möchte ein Mensch sein und bleiben, der offen durch die Welt geht, auf Gott und die Menschen gespannt ist und sich inspirieren lässt durch all das, was um ihn herum vorgeht. Mir ist dabei bewusst, dass Kreativität oft mit sehr viel Arbeit verbunden ist.

Eine ganze Reihe weiser Menschen soll sinngemäß gesagt haben: Erfindungen oder kreative Leistungen bestehen zu einem Prozent aus Inspiration und zu 99 Prozent aus Transpiration (Diese schöne Weisheit wird unter anderen dem Erfinder Thomas Alva Edison zugeschrieben). Also ein Geistesblitz, auf den eine ganze Menge Schweiß, Arbeit und Anstrengung folgen. Aber wer strengt sich nicht gerne an und arbeitet an der nötigen „Kondition“, wenn er ein lohnendes Ziel vor Augen hat?

Wandern gibt mehr Verstand als hinterm Ofen sitzen.
(Paracelsus)

Suche nicht andere, sondern dich selbst zu übertreffen.
(Cicero)

6. Aus der Stille aufbrechen und in Bewegung bleiben

Wir Menschen sind nicht als Bürohocker und Schreibtischtäter geboren. In uns stecken noch unsere Urahnen, die Jäger und Sammler, die zu Fuß weite Strecken an der frischen Luft zurücklegten. Und denen es dabei sehr gut ging.

„Das Wesen des Lebens liegt in der Bewegung", soll der Philosoph Arthur Schopenhauer gesagt haben. Und schon die alten Römer wussten, dass ein gesunder Geist am liebsten in einem gesunden Körper wohnt.

Mir fällt dazu vor allem dieser Satz aus der Bibel ein: „Der Geist ist willig, aber das Fleisch ist schwach." Oder etwas freier übersetzt: „Ich hätte heute Morgen schon gerne einen Waldlauf gemacht. Aber mein Bett war soooo herrlich warm und gemütlich ..."

Ärzte und Wissenschaftler werden nicht müde, uns zu ermahnen: Wir sollten uns mehr bewegen, sagen sie. Wir sollten ab und zu mal unseren Puls nach oben treiben, sollten lieber die Treppe nutzen als den Aufzug, das Fahrrad statt des Autos.

Eine engagierte Physiotherapeutin (die mich nach mehreren

Bandscheibenvorfällen wieder auf die Beine gebracht hatte), riet mir im Nachhinein: *„Die beste Medizin ist Bewegung, Bewegung, Bewegung."*

Die Weltgesundheitsorganisation empfiehlt zweieinhalb Stunden Bewegung pro Woche. Das sind 150 aktive Minuten in der Woche. Oder jeweils eine halbe Stunde an fünf Tagen in der Woche.

Aber nicht einmal jeder zweite Deutsche schafft diesen Wert – ich selbst häufig auch nicht.

Stellt sich die spannende Frage: Wie viele Minuten Bewegung haben Sie sich denn in der vergangenen Woche gegönnt?

Versuchen Sie sich ruhig einmal zu erinnern und notieren Sie (nur für sich selbst), wann Sie sich wie und wie lange sportlich bewegt haben:

....

....

....

....

....

....

....

Na, haben Sie bei dieser Frage rote Ohren bekommen – wie vermutlich viele andere Leserinnen und Leser auch? Oder haben Sie ein wenig geschummelt, weil das tatsächliche Ergebnis zu frustrierend gewesen wäre? Wenn es nicht so ist und Sie mit leichter

Hand ihr „Bewegungstagebuch“ aufschreiben konnten, dann gratuliere ich Ihnen herzlich.

Und wenn es Ihnen doch peinlich war, wie wenig Aktivposten Sie vor sich selbst aufzuweisen hatten, dann verlieren Sie nicht den Mut. Lesen Sie bitte weiter. Auch Sie können etwas verändern! Schließlich haben Sie diese „Bergwanderung“ ja schon viele Seiten durchgehalten und damit zumindest im Kopf eine Menge Bewegung erlebt. Wäre doch gelacht, wenn Sie das nicht auch in Wald und Feld, auf dem Sportplatz oder im Treppenhaus hinkriegen würden!

Also: Die meisten Zeitgenossen, die ich kenne, wissen ganz genau, dass Sie sich zu wenig bewegen. Die Herausforderung besteht darin, diese Erkenntnis und all die guten Vorsätze, die daraus folgen, mit der Wirklichkeit zusammenzubringen.

Ich persönlich kenne nur eine Strategie, die da Erfolg verspricht: *Die Taktik der kleinen Schritte.*

Wahlweise auch *Salami-Taktik* genannt.

Ein Schrittchen nach dem anderen.

Eine Minute nach der anderen.

Ein winziges Teilziel nach dem anderen.

All die gewaltigen Vorsätze an Silvester enden im Nichts, wenn ich mir dabei zu viel vornehme.

Eine gewisse Chance aber habe ich dann, wenn ich kleine, ganz konkrete Schritte definiere und aufschreibe (quasi einen Vertrag mit mir selbst mache). So kann ich ein realistisches Ziel auch schaffen. Dann kann sich etwas in meinem Kopf bewegen. Und in der Folge bewegt sich der ganze Körper. Am besten, ich erzähle noch ein paar wohlwollenden Freunden, Verwandten und Arbeitskollegen von meinen kleinen Vorhaben und setze mich so ein bisschen unter Druck.

Sie ahnen schon, worauf ich hinauswill? *„Es gibt nichts Gutes, außer man tut es"*, wusste schon Erich Kästner.

Darf ich Ihnen mal ein paar Vorschläge machen, wie gute kleine Schritte in die richtige Richtung aussehen könnten?

- Einmal in der Woche mit dem Bus zur Arbeit und dann zu Fuß (gehend oder joggend) nach Hause zurück.
- Jede Treppe als persönliche Aufmunterung verstehen und zielstrebig, aber nicht hektisch hinauflaufen. Aufzug? Welcher Aufzug?
- Wichtige Gespräche – dienstlich wie privat – als gemeinsamen Spaziergang verabreden.
- Überhaupt: Spazierengehen, in zügigem Tempo. Mit dem Hund. Oder mit ein paar guten Gedanken im Kopf.
- Eine App im Handy installieren, die meine Schritte zählt (Fachleute empfehlen etwa 10.000 Schritte pro Tag). Ich bin manchmal schon froh, wenn es 5.000 – 6.000 Schritte werden. Und richtig stolz, wenn ich mal an einem Wandertag mehr als 20.000 schaffe.
- Beim Telefonieren nicht verkrümmt am Schreibtisch sitzen, sondern aufstehen. Mit dem Mobilteil am Ohr ein paar Schritte hin und ein paar Schritte her machen. Und wieder zurück. Und wieder von vorne.

Sie haben sicher noch viel bessere Ideen. Und vor allem Ideen, die passgenau für Sie sind. Überlegen Sie doch mal, was möglich wäre. Damit in Ihr Leben mehr Bewegung kommt als bisher:

....

....

Ich bin kein großer Sportler und tauge definitiv nicht als Vorzeige-Bewegungsass. Aber das hier will ich Ihnen schon voller Freude (und mit ein klein wenig Stolz) berichten. Ich hoffe, ich mache Ihnen damit Mut für Ihre ersten kleinen Schritte:

Vor einigen Jahren stellte ich fest, dass mir meine Muskulatur im Schulterbereich und in den Oberarmen doch ziemlich schlapp vorkam. Was tun?

Ein kleines Spiel bei einer Familienfeier brachte mich auf die Idee. Wir sollten um die Wette (Kinder wie Erwachsene) Liegestütze machen. Ich blamierte mich bis auf die Knochen (zum Glück nicht als einziger Erwachsener). Schon nach zwei, drei Liegestützen lag ich hechelnd auf dem Boden. Ich konnte es kaum glauben – so wenige Übungen, und schon machte ich schlapp. Die Kinder waren alle Klassen besser als ich.

Das wollte ich einfach nicht hinnehmen. Die Niederlage hat mich dazu motiviert, anschließend jeden Morgen Liegestütze zu machen, bevor ich in die Dusche steige. *Jeden* Morgen, na, zumindest fast jeden.

Erst drei. Dann vier. Fünf. Sieben ... und inzwischen bin ich bei 19 angekommen. Und manchmal auch bei 20. Hat ein paar Monate gedauert, gibt mir aber das gute Gefühl: Da geht was. Obwohl ich schon Großvater bin. Und ganz schön alt.

Genau in solchen Momenten spüre ich:

Es bewegt sich was, wenn ich mich bewege. Ich bin zwar kein drahtiger Jugendlicher mehr und werde aller Voraussicht nach keine Weltmeisterschaft gewinnen. Aber ich kann mich sozusagen innerhalb meines Rahmens fordern. Und so Neuland erobern. Ich kann ein Risiko eingehen und Neues wagen.

Neuland

Spuren hinterlassen in frisch gefallnem Schnee.
Das ins Auge fassen, was ich noch nicht seh.
Aus der Reihe denken, gegen den Verstand.
Meine Schritte lenken auf unentdecktes Land.

Neues Land betreten, ich will Risiken neu eingehn.
Wagen, hoffen, beten – und dann mutig nach vorne sehn.

Nicht am Sessel kleben, losziehn querfeldein.
Ungelebtes leben, für Wunder offen sein.
Grenzen überwinden, auch gegen Widerstand.
Neue Ufer finden hinter dem Asphaltstrand.

Wege in die Weite, was soll mir geschehn?
Gott an meiner Seite, er wird mit mir gehn.

Neues Land betreten…

Text: Christoph Zehendner; Musik: Albert Frey
Den QR-Code zum Anhören des Liedes finden Sie auf S. 150

Meine Offenheit für Neues, Inspirationen und gute Beziehungen wirken bei mir manchmal auf wunderbare Weise zusammen. Zum Beispiel, als mich ein guter Bekannter zum Laufen brachte – immerhin bis zum Halbmarathon.

Nach einigem Training habe ich diese Distanz insgesamt viermal geschafft, zweimal in großer Hitze und mit etlichen Pausen, immer mit katastrophal schlechten Zeiten. Aber egal. Ich habe tatsächlich vier Mal den inneren Schweinehund überwunden. Gelungen wäre das wahrscheinlich nicht, wenn der brave Mann die 21 Kilometer nicht bei zwei der vier Rennen treu neben mir her getrabt wäre. Obwohl er vermutlich doppelt so schnell wie ich an sein Ziel hätte gelangen können.

Allein hätte ich das definitiv nicht geschafft. Ich brauchte seinen Anstoß von außen. Ich brauchte seine Unterstützung, seine Fachkompetenz, seine konkrete Hilfe. Ich habe sie angenommen. Und finde: Damit sollten wir uns gleich noch ausführlicher beschäftigen.

Hilf mir

„Ach, Jesus, hör mich an, ich brauche Hilfe,
ich brauch sie wirklich dringend, hier und jetzt!"
Die Fremde ruft und wirft sich ihm zu Füßen.
Wie peinlich! All die Gaffer sind entsetzt.
„Ein böser Geist plagt meine arme Tochter,
vertreib ihn, Jesus, ich vertrau auf dich!"
So bettelt sie und ihre Tränen fließen.
„Komm, hilf ihr bitte, lass sie nicht im Stich!"

Hilf ihr, bitte, bitte, hilf ihr,
lass sie nicht im Stich.

Doch Jesus lässt sich davon nicht erweichen.
Erst schüttelt er den Kopf und weist sie ab:
„Ich muss erst mal mein eignes Volk versorgen,
begreif doch, dass ich diesen Auftrag hab."
Die Frau bleibt standhaft und sie lässt nicht locker:
„Nach jeder Mahlzeit füttert man den Hund.
Teil uns die Krümel zu, die übrigbleiben.
So wird am Ende auch mein Kind gesund."

Hilf mir, bitte, bitte, hilf mir,
lass mich nicht im Stich.

„Dein mutiges Beharren, das bewegt mich",
sagt Jesus. „deine Worte rühr'n mich an.
Geh heim – dein Kind ist frei und ohne Lasten.
Du siehst, was dein Vertrau'n bewirken kann."

Hilf mir, bitte, bitte, hilf mir, lass mich nicht im Stich.
Hilf uns, bitte, bitte, hilf uns, lass uns nicht im Stich.

Text: Christoph Zehendner; Musik: Ralf Schuon
Den QR-Code zum Anhören des Liedes finden Sie auf S. 150

Dem ist gut helfen, der sich helfen lassen will.
(Deutsches Sprichwort)

Dem Manne kann geholfen werden.
(Friedrich Schiller)

7. Aus der Stille aufbrechen und Hilfe annehmen

Was ich Ihnen jetzt erzähle, ist mir ziemlich peinlich. Aber weil wir uns ja schon ein bisschen kennengelernt haben, traue ich mich einfach trotzdem auszupacken. Sie sollen die ganze Wahrheit erfahren.

Also: Vor ein paar Jahren musste ich mal volle vier Wochen lang ohne meinen Führerschein auskommen.

Uff, jetzt ist es raus.

Wie das kam? Na, so, wie es meistens kommt: Ich hatte doch tatsächlich zu viele Pünktchen in Flensburg gesammelt, weil ich jeweils ein bisschen zu schnell gefahren und dabei geblitzt worden war. Und mir ist nicht aufgefallen, dass diese Punkte nicht gelöscht wurden, weil ich fast „regelmäßig" nach jeweils etwa 20 Monaten einen zusätzlichen Punkt „eingefahren" hatte. Schön dumm. Dann noch ein erfolgloser Versuch, in der letzten Sekunde über eine dunkelgelbe Ampel zu huschen – die leider inzwischen knallrot geworden war. Zack, der Lappen war weg. Für vier Wochen. Das sind lange 28 Tage in der schwäbischen Provinz.

Eine harte, aber lehrreiche Zeit für mich.

Zwar konnte ich mit öffentlichen Verkehrsmitteln so recht und schlecht meinen Arbeitsplatz erreichen. Zu einigen Konzerten und anderen Terminen fuhr mich meine liebe Frau. Doch dann war da ein lange im Voraus vereinbartes Referat in einem Unternehmen irgendwo am Rande der schwäbischen Alb. Von meinem damaligen Wohnort aus in einer knappen Stunde locker erreichbar – mit dem Auto. Mit Bus oder Bahn aber – Fehlanzeige!

Ich haderte mit mir und grübelte über Lösungsmöglichkeiten nach: Ein Taxi nehmen? Viel zu teuer. Per Fahrrad? Viel zu weit. Endlich fasste ich mir ein Herz und sprach stammelnd einen lieben Bekannten aus unserer Kirchengemeinde an. Ob er mich vielleicht zu einem Vortrag begleiten und fahren könnte, fragte ich ihn. Und mein Herz rutschte dabei ziemlich tief in die Hose …

Doch er schien das gar nicht zu bemerken und sagte gerne und fröhlich zu. Ja, er freute sich sichtlich, mal mit mir unterwegs zu sein. Er chauffierte mich souverän von A nach B und zurück und bedankte sich am Ende für den spannenden Vortrag und die interessanten Begegnungen.

Und wenn ich mal wieder einen Fahrer bräuchte, dann solle ich mich doch gerne melden, meinte er lachend beim Abschied …

Tja, eigentlich war es ganz einfach, um Hilfe zu bitten. Und im Grunde auch ganz einfach, diese Hilfe anzunehmen. Aber ich tat mich richtig schwer damit, obwohl ich mir einen ausgenommen angenehmen Fahrer ausgesucht hatte. Naja, wer gibt schon gerne zu, dass er nach persönlichem Scheitern auf Hilfe angewiesen ist?

Selbst durchziehen oder auf die Hilfe anderer vertrauen – Sie denken jetzt vielleicht an die vielen Witze über die Unterschiede zwischen Frauen und Männern in diesem Punkt. In solchen Witzen werden alte Rollenklischees genüsslich gepflegt. Ein Klischee sieht so aus: Frauen fahren in eine ihnen unbekannte Stadt hinein, kurbeln das Fenster herunter, fragen den nächstbesten Fremden nach dem Weg und landen schnell und sicher am Ziel. Männer studieren vorab das beste Kartenmaterial, lassen drei verschiedene Navis mitlaufen, schalten ein GPS-Trackingsystem zu und kurven doch stundenlang vergeblich durch den Großstadtdschungel. Und wenn sie dann endlich zugeben, dass sie sich verfranzt haben, dann muss die Frau Gemahlin ran. Die bittet dann souverän, charmant und vollkommen unkompliziert einen Ortskundigen um Hilfe.

Nur ein längst überholtes Klischee? Völlig überzogen? Ich weiß wirklich nicht, ob alle Frauen sich leichter damit tun, um Hilfe zu bitten, als Männer. Ich weiß nur: Ich als Mann tue mich sehr schwer damit.

Und Sie (egal, ob Sie Frau sind oder Mann)? Überlegen Sie doch mal, so ganz für sich allein: Wem haben Sie in den letzten Monaten geholfen – ganz egal, bei welcher Gelegenheit? Notieren Sie hier, ruhig in Stichworten, Situationen, in denen Sie anderen Menschen helfen konnten:

....

....

....

....

....

....

Sie ahnen schon, was jetzt kommt. Ich mache Ihnen Mut, darüber nachzudenken: Wo habe ich in letzter Zeit um Hilfe gebeten und Hilfe angenommen?

....

....

....

....

....

....

....

Können Sie sich noch daran erinnern, wie Sie sich dabei gefühlt haben, um Hilfe zu bitten oder gar bitten zu müssen? Und wie es Ihnen damit ging, diese Hilfe anzunehmen?

Der Schweizer Journalist und Kapuzinermönch Walter Ludin hat es einmal so auf den Punkt gebracht: *„Hilfe in Anspruch nehmen: etwas vom Anspruchsvollsten."*

Dann bleiben wir doch noch etwas an dieser anspruchsvollen Geschichte dran.

Fest steht doch: Wenn mein Auto nicht mehr richtig fährt, dann bringe ich es zur Werkstatt und bitte jemanden um Hilfe, der sich auf Autos versteht.

Wenn mein Computer nicht mehr mag, dann rufe ich jemanden zu Hilfe, der über geschicktere Finger und eine bessere Fachkenntnis verfügt als ich.

Wenn ich mich fürchterlich einsaue beim Versuch, einen Granatapfel zu schälen, dann rufe ich einen Obstexperten oder Küchenprofi an oder Google so lange im Internet, bis ich hilfreiche Tipps von Praktikern finde.

Alles ganz einfach, ganz selbstverständlich. Eigentlich. Aber wenn es in meinem Leben um größere Herausforderungen, Schwierigkeiten oder Weichenstellungen geht, dann versuche ich es oft lieber ohne Hilfe von außen. Und lande nicht selten knietief im Sand. Oder vor der Wand.

Weil ich all das durchschaue, möchte ich mir bewusst machen: Kein Mensch weiß alles, kann alles, bekommt alles hin. Jeder hat Stärken, und jeder hat Schwächen. Meine Stärken kenne ich so einigermaßen. Meine Schwächen aber – mit denen beschäftige ich mich lieber gar nicht so viel. Ich überspiele sie, will sie nicht wahrhaben, will sie vor allen Dingen nicht vor anderen sichtbar werden lassen.

Dabei sind auch diese anderen nur Menschen mit Stärken und mit Schwächen. Und viele sind wie ich Menschen, die ihre Schwächen lieber verbergen möchten. Dabei stimmt es doch: *„Die größte Schwäche ist, zu fürchten, schwach zu erscheinen"*. Das hat der französische Bischof und Philosoph Jacques Bénigne Bossuet etwa um das Jahr 1700 herum geschrieben. Recht hat der Mann.

Wir dürfen schwach sein. Ich darf schwach sein. Ich darf so frei sein, meine Schwäche zuzugeben und um Hilfe zu bitten. Und vielleicht löse ich damit auch bei dem oder der anderen Ehrlichkeit und Offenheit aus. Ich muss nicht alles selbst können. Ich darf Hilfe annehmen. Ich darf Hilfe geben.

Im Lukasevangelium bin ich auf einen spannenden Bericht gestoßen. Da schleppen ein paar Männer ihren kranken Freund zu Jesus. Sie wollen ihm helfen. Sie lassen sich durch nichts und niemand abhalten. Sie tun alles, damit dieser Freund bei Jesus Hilfe bekommt.

Am Ende des Berichts stellt sich heraus: Sie können ihm auf diese Weise tatsächlich ein komplett neues Leben ermöglichen. Jesus heilt den kranken Freund und ermöglicht ihm ein befreites, gutes, gelingendes Leben (Lukas 5,17-26).

Die Vorgeschichte zu dieser Szene kennen wir leider nicht. Hat der Kranke die Gesunden um Hilfe gebeten? Hat er ihnen Geld angeboten oder haben sie ihn – mit seiner Zustimmung oder gegen seinen ausdrücklichen Willen – einfach durch die Stadt geschleppt? Wir wissen es nicht. Wir wissen nur: Diese Hilfsaktion hatte wunderbare Folgen.

Mir geht dabei durch den Kopf: An manchen Tagen meines Lebens konnte ich einer von den Trägern sein, die einen kranken, schwachen oder überforderten Menschen ein Stück des Weges schleppten.

An anderen Tagen meines Lebens aber brauchte ich Menschen, die mich unterstützen und mir halfen. Gerade in den letzten Jahren, bei mehreren ernsthaften Erkrankungen mit nötigen Operationen, bei Chemotherapie, Bestrahlungen usw. war ich nicht mehr der „Helfende“, sondern der, der Hilfe brauchte und Hilfe annehmen musste.

Eine sehr wichtige Erfahrung für einen wie mich, der lieber Hilfe anbietet, statt um Hilfe zu bitten.

Hilfe

Wenn einer dringend Hilfe braucht,
weil ihm die Kraft zum Gehen fehlt,
weil ihn die Angst vor Morgen quält,
kein Lichtstrahl zu ihm dringt.
Dann braucht er einen guten Freund,
der grade dann fest zu ihm steht,
der zuhört, hilft und mit ihm geht
und ihn zu Jesus bringt.

Wenn einer dringend Hilfe braucht,
weil seine Schuld ihn mutlos macht
und ihn verfolgt bei Tag und Nacht,
weil das Verdrängen nicht gelingt.
Dann braucht er einen guten Freund,
der ihm in Liebe sagen kann:
„Hier fängt für dich Vergebung an" –
und ihn zu Jesus bringt.

Wenn einer dringend Hilfe braucht,
weil er nicht glauben kann an Gott,
nur diskutiert mit scharfem Spott und dabei überzeugend klingt.
Dann braucht er einen guten Freund,
der sich ein offnes Wort erlaubt,
der für ihn betet, hofft und glaubt
und ihn zu Jesus bringt.

Text: Christoph Zehendner; Musik: Manfred Staiger; © 1995 Auf den Punkt, Siegen

Ich brauche Hilfe. Manchmal. Und ich will es lernen, das zu sagen und die Hilfe dann auch anzunehmen.

„Gegenseitige Hilfe macht arme Leute reich", weiß ein schönes chinesisches Sprichwort. Ich bin davon überzeugt: In vielen Fällen können tatsächlich beide Seiten bereichert werden, der Helfende und der, dem geholfen wird.

Zu einem gelingenden Leben kann also die Bereitschaft gehören, Schwächen einzugestehen und um Hilfe zu bitten.

Einen Fachmann oder eine Fachfrau zum Beispiel.

Einen guten Freund, der mit anpackt, mitdenkt, mitleidet oder auch einfach zuhört.

Vielleicht eine Seelsorgerin, die eine Frage gemeinsam mit mir bedenkt und vor Gott bringt.

Oder einen Therapeuten, der mir als Profi zur Seite steht und mich unterstützt bei Problemen, die für mich alleine unlösbar wären.

Vor einigen Jahren erlebte ich einmal ein Referat mit, das ein in christlichen Kreisen ziemlich bekannter und hochgeschätzter Mann hielt. Ich bin mit ihm persönlich befreundet und war deswegen über eine seiner Aussagen nicht überrascht. Die anderen Zuhörerinnen und Zuhörer aber taten sich bei diesen seinen Worten erst einmal ziemlich schwer. Mein Freund wurde nämlich sehr persönlich und gestand öffentlich ein:

„Ich bin ein Seelsorgefall. Und das schon seit Jahren."

Seine Zuhörer reagierten erstaunt bis geschockt – ausgerechnet der? Dieser begabte Redner, Autor, Sänger, an dem sich viele Menschen orientieren? Dieser aufrechte Mann Gottes, den viele hier bewundern, der kommt nicht alleine zurecht? Mit einem gewinnenden Lächeln im Gesicht erklärte der Redner dann, dass er tatsächlich immer Mal wieder auf Hilfe angewiesen sei. Und dass er es auch gelernt habe, gerne und dankbar Hilfe anzunehmen.

Sein Publikum reagierte begeistert. Nach seinen Worten war so etwas wie eine heitere Erleichterung zu spüren. So mancher dachte wohl: Wenn dieser bekannte und hochgeschätzte Mensch manchmal Hilfe in Anspruch nehmen muss und in Anspruch nimmt, dann könnte ja auch ich mir helfen lassen, wenn ich alleine nicht weiterkomme.

Dein Wort

Lehre uns zu hören, hilf uns, klar zu sehn.
Sprich doch durch dein Wort zu uns. Lass es uns verstehn.

Dein Wort ist wie Wasser, macht frisch und tut gut.
Herr, lösch unsern Durst und schenk uns neuen Mut.

Dein Wort ist wie Speise, die Lebenskraft hat.
Herr, gib uns zu essen und mache uns satt.

Dein Wort ist wie Eisen; es trifft manchmal hart.
Herr, stell uns in Frage auf deutliche Art.

Dein Wort ist wie Balsam, der Wunden verschließt.
Herr, hilf dem, der leidet und Tränen vergießt.

Dein Wort ist wie Feuer, das wärmt und erhellt.
Herr, steck unser Herz an, als Licht für die Welt.

Lehre uns zu hören…

Text: Christoph Zehendner; Musik: Manfred Staiger
Den QR-Code zum Anhören des Liedes finden Sie auf S. 150

Glücklich sind die Menschen, wenn sie haben, was gut für sie ist.
(Platon)

Bleibt nicht unverständig, sondern werdet reif und besonnen.
Dann wird euer Leben gelingen.
(Sprüche 9,6)

8. Aus der Stille aufbrechen und einen guten Draht nach oben pflegen

Ich bin davon überzeugt: Gott möchte, dass mein Leben gelingt. Und deswegen wende ich mich gerne an ihn und bitte ihn um Rat und Unterstützung für mein Leben. Deswegen habe ich mich ja auch auf den Weg hin zur Stille gemacht. Ich wollte dort über ihn nachdenken, womöglich auf ihn hören. Und von diesem Erleben her anders in meinen Alltag zurückkehren. Mein Leben neu ordnen. Nicht nur einmal, sondern immer mal wieder.

Gott hat die Welt geschaffen und so letztlich dafür gesorgt, dass es mich gibt. Er freut sich wie ein guter Vater darüber, wenn ich Fortschritte mache, mein Leben genießen und andere Menschen glücklicher machen kann. Wie eine gute Mutter will er mich trösten und mich Geborgenheit erleben lassen.

Genau darum suche ich ja das Gespräch mit ihm und möchte mich über seine Idee von meinem Leben so gut informieren, wie ich nur kann. So viel Unterstützung für mein Leben gönne ich mir.

Dabei spielt die Bibel für mich eine große Rolle.

Ich verstehe die Bibel so: Sie ist das Buch, in dem Gott zu mir redet und mir wichtige Überlebenstipps gibt. Bewährtes „Schwarzbrot“, das Menschen schon seit Jahrhunderten stärkt.

Die Themenvielfalt dieses Buches der Bücher ist groß:

Wie ich mich selbst sehen kann, und wie ich Gott sehen kann.

Wie ich mit meinen Schwächen und Fehlern umgehe und wie mit meinen Gaben und Stärken.

Wie ich mich anderen Menschen gegenüber verhalten kann.

Wie ich umzugehen habe –

- Mit der Natur.
- Mit Konflikten.
- Mit Herausforderungen.
- Mit dem Rhythmus meines Lebens.
- Mit Gemeinschaft und mit Stille.

Zu all diesen Fragen (und zu noch vielen mehr) meldet sich die Bibel zu Wort. Ich habe die Erfahrung gemacht: Viele ihrer Aussagen haben sehr viel mit mir und mit meinem Leben zu tun. Oft empfinde ich: Durch diesen oder jenen Satz spricht Gott genau in eine konkrete Situation bei mir hinein. Eine Frage klärt sich für mich. Oder ich werde hinterfragt und angeregt, eine meiner Positionen zu überdenken.

Ich würde sehr viel verpassen, wenn ich diese Unterstützung nicht annehmen würde. Darum will ich mir Zeit mit diesem Buch gönnen. Es soll in mein Leben hinein Wirkung entfalten dürfen. Nein, besser ausgedrückt: Gott soll sich in mein Leben hinein auswirken dürfen.

- Er macht mir Mut, letztlich nicht auf meine eigene Kraft zu vertrauen, sondern auf ihn und seine barmherzige Liebe.

- Er macht mir Mut, nicht meinen Dickkopf durchzusetzen, sondern verständnisvoll auch andere zum Zug kommen zu lassen.

- Er macht mir Mut, Konflikte und Streit nicht einfach auszusitzen, sondern das Gespräch zu suchen, mich zu entschuldigen und anderen zu vergeben.

- Er macht mir Mut, die Gaben zu entdecken, die er in mich hineingelegt hat, sie zu entwickeln und sie für mich und zum Wohle anderer Menschen einzusetzen.

- Er macht mir Mut, meine Vergangenheit zu bereinigen und mich mit den dunklen Seiten meines Lebens zu versöhnen – mit seiner Hilfe.

- Er macht mir Mut, in seinem Auftrag Verantwortung zu übernehmen und verspricht, mich dabei zu begleiten und zu unterstützen.

- Er macht mir Mut, die Gemeinschaft mit anderen Christen zu suchen, mich mit ihnen auszutauschen, für sie da zu sein und geistliche Gemeinschaft zu erleben.

Und so könnte ich viele weitere Dinge aufzählen.

Aber vielleicht könnten Sie ja diese Reihe auch mit Ihren Erfahrungen und Ideen fortsetzen. Wozu bräuchten Sie gerade Mut?

....

....

....

....

....

....

....

„Die Bibel ist so voller Gehalt, dass sie mehr als jedes andere Buch Stoff zum Nachdenken und Gelegenheit zu Betrachtungen über die menschlichen Dinge darbietet", schwärmt Dichterfürst Johann Wolfgang von Goethe. Aber in anderem Zusammenhang warnt er auch: „Das gefährlichste aller Bücher in weltgeschichtlicher Hinsicht ist doch wohl unstreitig die Bibel, weil wohl kein anderes Buch so viel Gutes und Böses im Menschengeschlecht zur Entwicklung gebracht hat." (Goethe: Aus meinem Leben. Dichtung und Wahrheit)

Wie bitte? Goethe schwärmt einerseits von der Bibel, andererseits warnt er vor ihr? Ich kann ihn aus verständlichen Gründen nicht danach fragen, warum er so zwiespältig denkt. Aber ich könnte mir schon vorstellen, was ihn skeptisch macht: Zu viele Menschen haben im Laufe der Weltgeschichte einzelne Aussagen der Bibel herausgepickt, ohne auf den Zusammenhang zu achten. Und sie haben damit schlimme Dinge gerechtfertigt: Krieg,

Sklaverei, Kreuzzüge, Rassismus, Sexismus, Unrecht, Machtmissbrauch, Ausbeutung und vieles mehr.

Wer die Bibel einfach zur Hand nimmt und sie wie ein ganz normales Buch durchblättert, der kann auf wunderbare Sätze und Lebensweisheiten stoßen. Aber er kann auch verwirrt werden.

Ich glaube: Nicht der Buchstabe und nicht der einzelne Satz sind entscheidend. Es ist Gott, der in der Bibel zu Wort kommen soll. Er möchte eine lebendige Beziehung mit mir eingehen, eine Freundschaft, die wächst und sich bewährt. Und deswegen gehören das Gespräch mit Gott (nichts anderes ist das Gebet) und das Lesen der Bibel eng zusammen.

Also bitte ich Gott darum, zu mir zu sprechen und dafür auch die Bibel zu nutzen. Ich erlebe: Manchmal sprechen mich ein Bibelvers oder ein Abschnitt sehr tief und sehr persönlich an, als wäre das gerade für mich und meine momentane Lage aufgeschrieben worden.

Kennen Sie das? Würden Sie das gerne auch erleben? Ganz egal, ob Sie selbst an Gott glauben und mit ihm leben oder nicht, überlegen Sie doch mal für sich: Welche Art von Unterstützung und Hilfestellung würde ich mir von Gott für mein Leben wünschen?

....

....

....

....

....

„Gott ist handelnde Liebe", das war die Erfahrung von Hudson Taylor, einem Engländer, der im 19. Jahrhundert in China für den Glauben an Jesus Christus geworben hat. Sein Zitat gefällt mir gut, ich wandle es noch ein wenig ab und spiele mit dem Gedanken: Gott ist immer für mich aktiv. Es ist Gottes Wesen, dass er für uns Menschen da ist.

Sie sind skeptisch? Das kann ich gut verstehen. Ich würde Ihnen gerne schlüssige Argumente vorlegen, eindeutige und nicht zu widerlegende Beweise, dass Gott so ist. Aber das kann ich nicht.

Wenn Sie herausbekommen möchten, ob es Gott tatsächlich gibt, ob er relevant sein könnte für Sie und Ihr Leben, ob er Inspiration, Kraft, Unterstützung für Sie bereit haben könnte, dann empfiehlt es sich, sich auf ihn einzulassen. Eine Beziehung mit ihm zu beginnen. Oder zu vertiefen. Oder zu erneuern.

Der englische Autor C. S. Lewis hat das sehr gut auf den Punkt gebracht: *„An Gottes Dasein glauben heißt: Ich stehe nicht mehr vor einem Argument, das meine Zustimmung verlangt, sondern vor einer Person, die mein Vertrauen fordert."*

Wie aber könnte dieses Vertrauen Gott gegenüber entstehen und wachsen? Meine Erfahrung ist: Dabei können Bibel und Gottesdienstbesuch helfen, gute Bücher und gute Gespräche, Gemeinschaft mit anderen Christen und Zeit zum Nachdenken, zur Stille und zum Gebet.

Bei manchen Menschen beginnt die Beziehung zu Gott mit einem dahingestammelten Gebet, einem Gedanken, einer Geste. Fest steht: Gott hat sich längst für diese Freundschaft entschieden. Wenn ein Mensch zustimmt und auf die Freundschaft eingeht, dann beginnt ein Prozess, aus dem viel Gutes erwachsen kann.

Und eben das möchte ich mir gönnen, weil es für mein Leben lebenswichtig ist: Die Beziehung nach „Oben“, die Freundschaft zu meinem Schöpfer, der mich aufbaut und korrigiert, mich unterstützt und warnt, mich berät und fordert. Der mir hilft, mit meinen Grenzen und mit meiner Schuld fertig zu werden. Und meine Gaben und Stärken zu entwickeln.

Bücher über Gott und über die Freundschaft zwischen ihm und uns könnten Bibliotheken füllen. Ich kann hier nur einige wenige persönliche Dinge notieren. Für mich ist der gute Draht nach oben Ausgangspunkt und Endpunkt meiner Gedanken über ein Leben, das gelingt. Weil Gott ist, wie er ist, ist er das Beste, was mir passieren kann.

In zwei Liedtexten (der eine entstanden vor fast vier Jahrzehnten, der andere vor etwa zehn Jahren) versuche ich auszudrücken, was mir die Beziehung zu Gott bedeutet. Zwei ganz persönliche „Glaubensbekenntnisse“ gewissermaßen:

Wie du bist

Der du mich anschaust und mit deinem Blick begleitest.
Der du keinen meiner Schritte übersiehst. Der du das wahrnimmst,
was in meinem Innern vorgeht.
Und dabei trotzdem deine Augen nicht verschließt.

Der du ganz Ohr bist, wenn ich dir von mir berichte,
dich für mich und für mein Leben interessierst.
Der du mein Beten hörst und wirklich darauf eingehst,
selbst wenn ich sprachlos bin mit Liebe reagierst.

Der du das spüren kannst, was ich tief drinnen fühle.
Und verstehst, worum mein Denken gerade kreist.
Der du mich besser kennst, als ich mich selber kenne.
Und um die Stärken und die Schwächen bei mir weißt.
Du, der mich sieht.

Du, der mich hört.
Du, der mich kennt und mich so gut versteht.
Ich bin dir dankbar, dass du so bist,
wie du bist!

Text: Christoph Zehendner; Musik: Manfred Staiger
Den QR-Code zum Anhören des Liedes finden Sie auf S. 150

Guter Boden

Gott, du bist mir Grund genug, um mich festzuhalten.
Tief gegründet kann ich mich voller Kraft entfalten.

Guter Boden, Grund zum Leben. Hier will ich Zuhause sein,
Schutz und Sicherheit erleben, wachsen und gedeihn.

Guter Boden, Muttererde, in die ich verwurzelt bin.
Gut, dass ich hier bleiben werde. Hier gehör ich hin.

Guter Boden, Nahrungsquelle. Was ich brauche, fließt mir zu.
Bin versorgt für alle Fälle, Lebenskraft schenkst du.

Guter Boden, eng verbunden, aus der Tiefe lebe ich.
Habe meinen Grund gefunden – gründe mich auf dich.

Text: Christoph Zehendner; Musik: Manfred Staiger
Den QR-Code zum Anhören des Liedes finden Sie auf S. 150

Zum Schluss: Das Leben ist ein Geschenk

Uff, das waren eine Menge Gedanken, Zitate, Texte und Aufgaben. Ich hoffe, ich habe Ihnen nicht zu viel zugemutet, aber auch nicht zu wenig.

Darf ich mir kurz vor Schluss etwas wünschen?

Bitte halten Sie sich nicht lange auf an den Punkten, die für Sie nicht wichtig, nicht interessant, nicht relevant, unverständlich oder gar ärgerlich waren.

Bitte bleiben Sie an den Punkten dran, die etwas in Ihnen ausgelöst und vielleicht schon in Bewegung gebracht haben.

Von Herzen wünsche ich Ihnen, dass manche Anregung (und mag sie auch noch so klein sein) genau für Sie passt. Und dass Sie den Mut gefunden haben oder noch finden werden, sie umzusetzen.

Als ergänzende Lektüre empfehle ich Ihnen:

Henri Nouwen: Ich hörte auf die Stille, ©2018 Verlag Herder, Freiburg
Thomas Sjödin: Wenn Stille eine Sprache wäre, ©2022 SCM, R.Brockhaus
Zeitschrift „AUFATMEN – Gott begegnen, authentisch leben" https://bundes-verlag.net/aufatmen

Seminare zum Thema Stille können Sie besuchen z.B. hier:

- Kloster Triefenstein, Am Klosterberg 2, 97855 Triefenstein. https://www.christustraeger-bruderschaft.org/gaeste/freizeiten/ (Z.B. „In der Stille angekommen" und „Meinen Rhythmus finden")
- Schönblick, Willy-Schenk-Straße 9, 73527 Schwäbisch Gmünd. https://www.schoenblick.de/de (Z.B. „In der Stille angekommen" und „So viel Leben gönn ich mir")
- Stift Urach, Einkehrhaus der Evangelischen Kirche in Württemberg, Bismarckstraße 12, 72574 Bad Urach
- https://www.stifturach.de/einkehren/das-jahresprogramm
- Evangelisches Kloster Schwanberg, Schwanberg 1, 97348 Rödelsee
- https://www.geistliches-zentrum-schwanberg.de/
- Beit al Liqa – Haus der Begegnung, P.O. Box 11477, 91114 Jerusalem, Israel („Stiller Start in den Advent"); http://www.beit-al-liqa.de

Ich wünsche Ihnen bei Ihrem ganz persönlichen Nachdenken über Ihr Leben gute Erfahrungen und Gottes Segen.

Beten

© 1994 Auf den Punkt, Siegen

Aufnahmen: ganz nah (Gerth Medien)

Erbarme dich (Kyrie)

© 2008 Auf den Punkt, Siegen

Aufnahmen: ganz nah (Gerth Medien)

Ruhe bei dir

© 2013 Auf den Punkt, Siegen

Aufnahmen: ganz nah (Gerth Medien)

Du sagst Ja

© 1991 Gerth Medien, Aßlar

Leise

© 2018 Auf den Punkt, Siegen

Aufnahmen: Was zählt (Gerth Medien)

Staunen

© 2002 Auf den Punkt, Siegen

Aufnahmen: ganz nah (Gerth Medien)

Auf meiner Bank

© 2010 Auf den Punkt, Siegen

Aufnahmen: Dass deine Träume Wurzeln schlagen (Gerth Medien)

Was zählt

© 2018 Auf den Punkt, Siegen

Aufnahmen: Was zählt (Gerth Medien)

Dass deine Träume Wurzeln schlagen

© 2010 Auf den Punkt, Siegen

Aufnahmen: Dass deine Träume Wurzeln schlagen (Gerth Medien)

Ein weites Feld

© 2022 Auf den Punkt, Siegen

Aufnahmen: Unfassbar (Gerth Medien)

Weggefährten

© 2008 Auf den Punkt, Siegen

Aufnahmen: Wortweltenwanderer (Gerth Medien)

Was du sagst

© 1991 Auf den Punkt, Siegen

Aufnahmen: Ganz nah (Gerth Medien)

Neuland

© 2008 Auf den Punkt, Siegen

Aufnahmen: Wortweltenwanderer (Gerth Medien)

Hilf mir

© 2022 Auf den Punkt, Siegen

Aufnahmen: Unfassbar (Gerth Medien)

Wie du bist

© 1991 Auf den Punkt, Siegen

Aufnahmen: Himmel auf Erden (Hänssler)

Guter Boden

© 2010 Auf den Punkt, Siegen

Aufnahmen: Dass deine Träume Wurzeln schlagen (Gerth Medien)

Zum Schluss möchte ich Ihnen noch ein paar gute Gedanken aus ganz unterschiedlichen Quellen zum Weiterdenken mitgeben, die Ihnen hoffentlich so gut gefallen wie mir:

Wenn wir den Menschen so nehmen, wie er ist, dann machen wir ihn schlechter. Wenn wir ihn aber so nehmen, wie er sein soll, dann machen wir ihn zu dem, der er werden kann.
(J.W. von Goethe)

„Erfolg ist weder einen Ferrari noch eine Million Dollar zu haben. Erfolg ist es, sein Leben zu leben, wie man es leben möchte."
(Jim Rohn)

Sich des Erfolges freuen ist etwas anderes, als ihn für sich in Anspruch nehmen.
(Dag Hammerskjöld)

„Für alles auf der Welt hat Gott schon vorher die rechte Zeit bestimmt. In das Herz des Menschen hat er den Wunsch gelegt, nach dem zu fragen, was ewig ist. Aber der Mensch kann Gottes Werke nie voll und ganz begreifen. So kam ich zu dem Schluss, dass es für den Menschen nichts Besseres gibt, als sich zu freuen und das Leben zu genießen. Wenn er zu essen und zu trinken hat und sich über die Früchte seiner Arbeit freuen kann, ist das allein Gottes Geschenk."
(Prediger 3,11-13, Hoffnung für alle)

Tobias Merckle meint: *„Jeder hat eine Chance verdient, auch eine zweite Chance – um Gottes willen! Erst recht Kinder aus Krisengebieten. Oder junge Menschen, deren Eltern manches vermasselt haben."*

Und so sieht und sucht er das Gute, entwickelt Konzepte, schafft Einrichtungen wie das Seehaus und die Hoffnungshäuser – so werden aus geschlagenen Schicksalen Hoffnungsträger.